Rose Marie Dähncke · Sabine Maria Dähncke   Schlemmereien aus Wald und Wiese

Rose Marie Dähncke · Sabine Maria Dähncke

Schlemmereien aus Wald und Wiese

Wildkräuter, Beeren, Nüsse und Pilze
leicht erkennen und schmackhaft zubereiten

1. Teil Pflanzenkatalog
2. Teil Kochen · Rezepte

AT Verlag Aarau · Stuttgart

3. Auflage 1980
© Copyright by AT Verlag Aarau/Schweiz, 1979
Beeren-Fotos von Sabine Maria Dähncke
Alle übrigen Fotos von Rose Marie Dähncke
Filmmaterial Agfa
Umschlaggestaltung: Jakob Säuberli
Herstellung: Grafische Betriebe Aargauer Tagblatt AG, Aarau/Schweiz
Printed in Switzerland

ISBN 3 85502 054 X

Schlemmereien

Schlemmereien – phantastische Speisen, auf die die Vorfreude gross ist; Gaumenkitzel, die einem das Wasser im Munde zusammenlaufen lassen, wenn man nur an sie denkt – sind der Inhalt unseres Buches. Das Besondere ist, dass jeder die Zutaten, oder die verbessernden Zutaten, im Wald und auf der Wiese selbst sammeln kann. Sie kosten nichts, sind ungespritzt und naturgewachsen, und das Suchen an einem schönen Sonnentage macht ausserdem noch Spass.

Wer botanisch völlig unbegabt ist oder überhaupt keine Zeit für einen kleinen Gang ins Grüne hat, kann einige Kräuter, Beeren, Nüsse und Pilze in den einschlägigen Geschäften kaufen, so dass auch ihm die Kenntnis der Heilwirkungen, der Anwendung und besonders der vielen schönen Rezepte nützlich ist.

Wir haben Kräuter und Wildfrüchte für Sie ausgesucht, die wirklich schmecken, und haben nicht etwa «gesunde Kräuter» in den Vordergrund gestellt, die durch ihre Bitterkeit die Familie erschrecken. Im Gegenteil, die Schlemmereien dieses Buches werden den Tag durch eine köstliche Mahlzeit verschönen, ein erfrischend-aromatisches Getränk wird den Abend beleben oder ein Wildlikör für Stimmung sorgen. Durch Haltbarmachung des Sammelguts können Sie sich selbst und auch Gäste den ganzen Winter über verwöhnen, und es lässt sich dann gar nicht vermeiden, dass Sie auf diese Weise sogar noch gesund leben. Abgesehen von allen heilwirksamen Inhaltsstoffen gibt jedes bisschen Blattgrün, jedes Vitaminchen, geben all die Amine, Mineralstoffe und Spurenelemente der Pflanzen dem Körper etwas Gutes, und das um so gründlicher, wenn diese Zugaben zum täglichen Essen über längere Zeit beibehalten werden. Früher kannte man die Wirkungsweise eines jeden Kräutleins, und wir haben informativ die Überlieferungen der alten Volksmedizin mit aufgeführt.

Die Vielfalt der Kräuterrezepte lässt nicht merken, dass es sich nur um wenige Pflanzen handelt, die es kennenzulernen gilt. Es sind fast ausschliesslich Kräuter, die überall vorkommen und mühelos gefunden werden können. Wo sie wachsen, wird in dem Begleittext zur Abbildung genau angegeben, und die Grossfotos lassen in naturgetreuer Wiedergabe keine Verwechslungsmöglichkeit offen. Die eventuelle Ähnlichkeit mit anderen Pflanzen, besonders mit schädlichen, wird ausführlich behandelt. Dem Laien sei gesagt, dass es ganz wenige

Giftpflanzen gibt, und davon sieht wiederum keine so aus, wie irgendeine unserer Gemüse-, Salat- oder Würzpflanzen. Beeren und Nüsse zu sammeln ist ebenso ungefährlich, nur bei Pilzen muss natürlich eine gewisse Kenntnis vorausgesetzt werden. Es wurde eine kleine Auswahl davon getroffen, die jedoch völlig unterschiedliche Zubereitungen ermöglicht, wie Schmoren für Gemüsepilze und scharfes Braten für ausgesprochene Bratpilze, und es werden Vorschläge gemacht, um mit Würzpilzen etwas besonders Pfiffiges zu zaubern.

Dieses Buch möchte Anregung geben, auf dem Spaziergang durch Wald und Wiese die Augen für all die vielen Pflanzen offenzuhalten, die dafür geschaffen sind, uns zu Gesundheit und Wohlbefinden zu verhelfen, und die uns etwas Köstliches bescheren, wenn sie richtig eingesetzt werden:

Schlemmereien

Frühjahr 1979   Rose Marie und Sabine Maria Dähncke

Inhalt

1. TEIL   Pflanzenkatalog

KRÄUTER

Über die Kräuter

Wildkräuter haben von alters her ihren festen Platz in der Küche und auch im Medizinschrank. Irgendwann in unserem Zeitalter der Konserven und der synthetischen Arzneimittel ging das Wissen um den Wohlgeschmack und die Heilwirkung wildwachsender Pflanzen fast verloren. Aber dann, auf den Wogen der Nostalgiewelle, kamen zusammen mit Küchengeräten aus Omas Zeiten auch alte Kochbücher wieder ans Tageslicht. Und siehe da, sie sind voll von Rezepten und Anwendungsmöglichkeiten der heimischen Kräuter. Die wohlschmeckendsten Gerichte haben wir für Sie ausgewählt, und selbst wer Spinat nicht mag, kann durchaus ein Freund von Brennesselgemüse werden, das noch feiner schmeckt.

Da in all den aromatischen Kräutern neben Vitaminen, Kohlenhydraten und Spurenelementen auch viele heilwirksame Stoffe enthalten sind, erweisen Sie Ihrem Körper mit dieser Gaumenfreude gleichzeitig noch einen Gefallen, ob Sie sie nun als Rohkostsalat, Gemüse, Suppe, Würzmittel oder Tee verwenden.

In den Pflanzensteckbriefen wird angegeben, welche Pflanzenteile verwertet werden. Neben allgemeinen Rezeptvorschlägen finden Sie dort für jedes Kraut ein besonders interessantes Spezialrezept.

Das ABC des Sammelns

Wann?

Die ersten Kräuter gibt es bereits kurz nach der Schneeschmelze, aber an schneefreien Tagen habe ich auch schon Ende Januar frische Kräuter gefunden: an sonnigen Hängen Wilden Thymian, junge Blättchen von Schafgarbe, Löwenzahn, Frauenmantel und Wiesenknopf, an Bächen die immergrüne Brunnenkresse.

Wenn es im Steckbrief nicht anders angegeben ist, werden die jungen, aber schon entfalteten Blätter vor der Blüte der Pflanze gepflückt. Sie sollten möglichst nicht nach einer staubigen Trockenperiode zum Kräuterernten ausziehen, sondern nach einem reinigenden Regen. Kräuter jedoch, die zum Trocknen für Tee oder als Trockenwürze gedacht sind, dürfen nicht feucht gesammelt werden. Sie würden nicht schnell genug trocknen, sondern faulen oder gären und dadurch unbrauchbar werden.

Wo?

Sammeln Sie Kräuter immer nur an sauberen, möglichst staubfreien Plätzen. Pflanzen, die am Rande von Kornfeldern oder Kartoffeläckern wachsen, können mit Pflanzenschutzmitteln gespritzt und dadurch schädlich sein, ebenso wie Kräuter von frisch mit Stallmist gedüngten Wiesen. Es empfiehlt sich daher, an Bachrändern, Waldrändern und Teichufern, auf Waldlichtungen und auf Brachland usw. zu sammeln.

Im Pflanzensteckbrief sind der Standort der einzelnen Kräuter und die Art des Bodens (saurer Boden, kalkhaltiger Boden usw.), den sie bevorzugen, angegeben. Vor der Suche nach bestimmten Kräutern lesen Sie bitte nach, wo diese wachsen. Die jeweilige Bodenbeschaffenheit erkennen Sie an der Begleitflora. Eine Liste der für eine bestimmte Bodenart typischen Pflanzen finden Sie auf Seite 122.

Wie?

Kräuter, die für die Frischverarbeitung gesammelt werden, bewahren Sie am besten in einer Plastiktüte oder einer verschliessbaren Plastikdose auf, weil die Blättchen dann nicht so schnell welken.

Für den Heimtransport von Blättern und Blüten, die zum Trocknen gedacht sind, empfiehlt sich ein flacher Korb, denn das Sammelgut darf nicht gedrückt werden, da es sonst braun oder schwarzfleckig wird.

Wenn die ganze blühende Pflanze geschnitten wird, binden Sie schon am Sammelort davon lockere Sträusse, die dann zu Hause zum Trocknen aufgehängt werden.

Wurzeln werden im Frühling vor der Blüte der Pflanze und im Herbst, zur Zeit ihres höchsten Gehaltes an Wirkstoffen, mit einer kleinen Schaufel ausgegraben, von den feinen Seiten- und Haarwurzeln befreit und im Korb transportiert.

Achten Sie beim Kräutersammeln immer darauf, nur einwandfreie Pflanzen und Pflanzenteile zu pflücken, die nicht verlaust, verfärbt oder von Pilzbefall verformt sind.

...und dann zu Hause

Kräuter für die Frischverarbeitung schnell, aber gründlich waschen und zum Abtropfen auf einen Durchschlag geben. Dann sollten Sie sie auch möglichst bald verarbeiten und verzehren, damit kein Vitaminverlust eintritt. Küchentips über Frischhaltung und Haltbarmachung finden Sie im Rezeptteil (ab Seite 127).

Kleine Blättchen, Blüten und kleingeschnittene Wurzeln, die zum Trocknen gedacht sind, werden an einem warmen Ort (im Halbschatten im Freien, auf der Heizung) in einer dünnen Schicht auf Papier oder einem Drahtgitter ausgebreitet. Sträusse von ganzen Pflanzen hängen Sie zum Trocknen auf. Es gibt auch eine elektrisch beheizte Trockendörre mit Ventilator, die Pflanzen, Beeren und Pilze schnell trocknet. Zur Aufbewahrung füllen Sie Ihr Trockengut in luftdicht verschliessbare Dosen oder Schraubgläser.

Sammel-Kalender

Fichtenwipfel
Knöterichblätter
Minzentriebe
Bärlauchknospen
Gundermann, blühende Pflanze
Huflattichblätter

Juni/Juli

Haupternte für Bevorratung mit Wildgemüse (zum Einfrieren):

Huflattich
Junge Beinwellblätter
Knöterichblätter
Brennessel
Frauenmantel
Löwenzahn-Nachwuchsblättchen
Grüne Walnüsse für Likör

Jetzt für Tee (zum Trocknen):

Walnussblätter
Himbeerblätter
Brombeerblätter
Erdbeerblätter
Holunderblüten und -blätter
Fichtenspitzen
Schlehenblüten
Waldmeister, blühende Pflanze
Frauenmantel, blühende Pflanze
Knöterich, blühende Pflanze
Pfefferminze, blühende Pflanze
Brennessel, blühende Pflanze
Wilder Majoran, blühende Pflanze
Schafgarbe, blühende Pflanze
Löwenzahn, blühende Pflanze
Huflattichblätter
Wegerichblätter

Und neu kommen:

Wiesensalbei
Wiesenbärenklau
Bärwurz
Beifuss

Januar/Februar

In Quellwassergräben:

Brunnenkresse

An schneefreien, sonnigen Südhängen die ersten Blättchen bzw. winterharten Pflanzen:

Schafgarbe
Wilder Thymian
Wiesenknopf
Gundermann
Wegerich
Löwenzahntriebe
Frauenmantelblättchen

März/April

An sonnigen Standorten:

Frauenmantel
Löwenzahnrosetten
Beinwelltriebe
Bärlauchblättchen
Brennessel
Sauerampfer
Wegerich
Huflattichblüten
Wilder Majoran
Scharbockskraut

Mai

Jetzt spriessen fast alle Pflanzen. Besonderer Hinweis auf:

Waldmeister
Löwenzahnblüten

Ackerminze

Mentha arvensis · Lippenblütengewächse

Weitere Bezeichnungen: Bachbalsam, Balsem, Katzenminze, Päreminze, Wilde Pfefferminze, Rossschmekete, Schmekata, Stinkkraut.

Verwechslungsmöglichkeit: Es gibt noch mehrere wildwachsende Minzenarten, die im Aroma und in der Heilwirkung fast alle gleichwertig sind.

Verwendete Teile: die ganze Pflanze.

Verwertung: frisch feingehackt als Quark- gewürz, Fischgewürz, für Minzsauce, Kräu- teröl und -essig, zur Likörherstellung, frisch und getrocknet als Tee.

Spezialrezept: Minzwhisky (S. 162).

Heilwirkungen: Der Tee von Blättern oder auch von blühenden Triebspitzen ist schweiss- und harntreibend, belebend, krampflösend und schmerzstillend, galletrei- bend und stärkend. Von einem Dauerge- brauch als Haustee sollte jedoch abgesehen werden, da dann Herzbeschwerden auftreten können. Eine geringe Beigabe als Ge- schmacksverbesserung zum täglichen Tee ist nicht schädlich.

Pfefferminzöl (aus der Apotheke, 10 ml, die ewig reichen, für etwa DM 3,50) wirkt äusserlich als Einreibemittel gegen Kopf- schmerzen, mildert neuralgische Schmerzen oder lässt sie sogar völlig abklingen, und das Verdampfen und Einatmen des Öls hilft bei Rachen- und Stirnhöhlenkatarrhen. Inner- lich angewandt, ist Pfefferminzöl gallenför- dernd, löst Magen- und Darmkrämpfe und lindert den Brechreiz. 3–4 Tropfen von dem Öl werden auf ein Stück Zucker getropft und mit heissem Tee übergossen eingenommen. Auch hier wird von einer dauernden Ver- wendung abgeraten.

Eigene Notizen:

Ackerminze

10–40 cm hohe, behaarte Staude mit unter- und oberirdischen Ausläufern.

Standort: Gräben, Sumpfwiesen, Äcker; liebt feuchten, stickstoffhaltigen Boden.

Besonderheit: Pflanze mit Pfefferminzgeruch.

Stengel: vierkantig, reichverzweigt, niederliegend-aufsteigend.

Blätter: gekreuzt-gegenständig, kurzgestielt, eiförmig-elliptisch, gesägt-gekerbt, am Stengelende schopfig gehäuft.

Blüten: in dichten, kugeligen Scheinquirlen, nur in den Achseln der Hochblätter, nicht endständig, Einzelblüten lila bis hellviolette, kleine Lippenblüten, nur wenig länger als der Kelch, Kelchröhre behaart, die 5 Kelchzähne breit dreieckig, so lang wie breit. Blütezeit: Juni bis September.

Bärlauch

Allium ursinum · Liliengewächse

Weitere Bezeichnungen: Bärlauch, Hexenzwiefel, Judenzwiefel, Wilder Knofel, Ramsen, Waldknoblauch, Wurmlauch, Zigeunerzwiefel, Ramsele.

Verwechslungsmöglichkeit: mit den Blättern des giftigen Maiglöckchens (Convallaria majalis), das jedoch nicht den Knoblauchgeruch hat.

Verwendete Teile: die jungen Blätter, die Knospen und die Zwiebeln.

Verwertung: Zwiebeln, Blätter und Knospen als Gewürz für Salat, Quark, Kräuterbutter, Kräuteröl und -essig, Fleisch, Saucen, Eintopfgerichte.

Spezialrezept: Knoblauchbrot (S. 162).

Bärlauch muss man nicht suchen, man findet ihn. Wo er vorkommt, nämlich in Auwäldern, ist er gleich so häufig, dass der ganze Waldboden damit bedeckt ist. Meist riecht man die Pflanze dann auch schon und wird fast belästigt von ihrem Knoblauchduft, wenn man unachtsam ein paar Blättchen zertritt. Die kurze Zeit vor der Blüte, April/ Mai, sollte genutzt werden, um täglich ein paar frische Blättchen einem Gericht beizufügen. Nach der Blütezeit werden die Blätter schnell gelb und sterben ab. Für einige Zeit können frisch gehackte Blätter und Knospen, mit Salz vermischt (siehe S. 127) und im Kühlschrank aufbewahrt, haltbar gemacht werden.

Heilwirkungen: Bärlauchzwiebelsaft ist ein vorzügliches Heilmittel bei Arterienverkalkung, erhöhtem Blutdruck, Madenwürmern, bei Leberleiden und bei chronischen Hautausschlägen. Magenempfindliche Personen sollten die Zwiebeln zerschneiden und vor dem Trinken 2–3 Stunden in warmer Milch ziehen lassen.

Der frische Saft der Bärlauchzwiebeln, auf schlecht heilende Wunden geträufelt, dient zur Wundenreinigung.

Eigene Notizen:

Bärlauch
20–40 cm hohe Staude.

Standort: schattige Laubwälder, Auwälder, Gebüsche, Schluchten; liebt nährstoffreichen, lockeren Lehmboden.

Besonderheit: Geruch und Geschmack nach Knoblauch, jedoch schärfer und beissender.

Stengel: aufrecht, stumpf dreikantig, Wurzelstock zwiebelig.

Blätter: meist 2, grundständig, langgestielt, elliptisch-lanzettlich, streifennervig, lebhaft grün, bald gelb werdend, denen des Maiglöckchens ähnelnd.

Blüten: endständig in flacher, reichblütiger Scheindolde, die aus mehreren Teilblütenständen zusammengesetzt ist; der Blütenstand ist vor dem Aufblühen von einem trockenhäutigen Hüllblatt umgeben, Einzelblüten 6blättrig, schneeweiss, etwa 1,5 cm im Durchmesser. Blütezeit: Mai bis Juni.

Bärwurz

Meum athamanticum · Doldengewächse

Weitere Bezeichnungen: Bärendill, Bärenfenchel, Echte Bärwurz, Feinblättrige Bärwurz, Haarblättrige Bärwurz, Mutterwurz.

Verwechslungsmöglichkeit: keine, wenn man auf die feinen, vielfach gefiederten Blätter und den aromatischen Geruch achtet.

Verwendete Teile: die Blätter und die Wurzel.

Verwertung: frische und getrocknete Blätter als Gewürz für Salate, Quark, Kräuterbutter, Saucen, Suppen, Eintöpfe, die Wurzeln zur Schnapsherstellung.

Spezialrezept: Mein Lieblingsquark (S. 164).

Bärwurzblätter schmecken nach Karotten und Maggi. Bei ihrem vorzüglichen Aroma und der vielseitigen Verwendbarkeit ist es bedauerlich, dass die Pflanze nicht überall zu finden ist. Bärwurz wächst erst ab ungefähr 800 Meter Höhe, und hier bei uns im Schwarzwald ist er auf jedem Berg reichlich vorhanden. Die Pflanze bedeckt in dichten Büscheln die Wiesen und wächst an den Rändern des Waldes. Oft werden die Blättchen von den Wanderern und Urlaubern berochen und für herrlich aromatisch duftend befunden, aber niemand kennt das Kraut, weil es in fast keinem Kräuterbuch zu finden ist,

und über die Verwendung war bisher nichts bekannt. Das sollte nun nach unserer Empfehlung der Pflanze anders werden, und ich möchte fast sagen: der Bärwurz ist eine Reise wert, in den Schwarzwald oder anderswohin, in ein Mittelgebirge mit saurem Boden.

Heilwirkungen: Heilwirkungen werden hauptsächlich der Wurzel zugeschrieben, die entweder im Mai/Juni vor der Blüte der Pflanze oder im Herbst gesammelt wird. Die Tinktur aus der frischen Wurzel wird gegen Asthma, Blasenschmerzen und Amenorrhöe angewandt. Man setzt eine Handvoll frischer, grob zerkleinerter Wurzeln in 1 l Branntwein an, lässt den Ansatz 6–8 Wochen stehen und seiht dann ab.

Tee aus Bärwurzwurzeln wird als magenstärkendes und fiebersenkendes Mittel empfohlen und hilft auch bei Verdauungsstörungen.

Eigene Notizen:

Bärwurz

15–50 cm hohe, kahle Staude.

Standort: in den Mittelgebirgen auf Wiesen und Weiden; kalkmeidend.

Besonderheit: aromatischer, durchdringender Geruch, der an Liebstöckel erinnert.

Stengel: kantig gerieft, hohl, am Grunde von alten Blattresten umgeben.

Blätter: wechselständig, untere länger, obere kürzer gestielt, mit breiter, aufgeblasener Blattscheide, Blattspreite weich, 2- bis vielfach gefiedert, Blattabschnitte mit haarfeinen Zipfeln, grasgrün.

Blüten: in zusammengesetzten Dolden mit reichblütigen Döldchen, Hülle fehlend oder höchstens zweiblättrig, 3–8 pfriemliche, zuweilen am Grunde verwachsene Hüllchenblätter, Einzelblüten weiss, selten rötlich oder gelblich, Blütenblätter länglich mit schwach eingebogener Spitze. Blütezeit: Mai bis August.

Echter Beifuss

Artemisia vulgaris · Köpfchenblütengewächse

Weitere Bezeichnungen: Beinweich-
kraut, Besenkraut, Biebeskraut, Buckkraut,
Gänsekraut, Himmelskehrkraut, Johannis-
gürtel, Jungfernkraut, Sonnenwendkraut,
Weiberkraut, Roter Bock, Stabwurzelkraut,
Roter Beifuss, Weisser Beifuss.

Verwechslungsmöglichkeit: keine.

Verwendete Teile: die blühenden oberen
Triebe und die Blätter.

Verwertung: frisch oder getrocknet als Gewürz in Kartoffelsuppe, im Kohleintopf, für
Schmalz, zu Wild und Geflügel, getrocknet
als Tee.

Spezialrezept: Schmalz Hausmacherart
(S. 159).

Beifuss als Gewürz fehlte früher an keiner fetten Speise und wurde bevorzugt für Gänsebraten und Saucen, aber auch für Gänse- und
Schweineschmalz verwendet. Die Mühe der
Schmalzherstellung ist so gering, ein
Schmalzbrot als Pilz-Wanderproviant etwas
so Köstliches, dass man sich schon mal wieder
einen Schmalztopf füllen sollte. Ganz kleine
Töpfchen eines besonders gut gelungenen
Schmalzes, mit bunt gemustertem Stoff
hübsch zugebunden, können eine willkommene Gabe für nette Mitmenschen sein.

Heilwirkungen: Der Tee aus den blühenden oberen Trieben wirkt verdauungsfördernd und galletreibend. Ausserdem hilft er
bei akutem und chronischem Magenkatarrh
und bei allgemeiner Schwäche.

Der Tee aus den Blättern ist appetitanregend und wird zur Regulierung der Monats-
periode getrunken.

Äusserlich wird das Kraut als Badezusatz
verwendet.

Eigene Notizen:

Echter Beifuss

30–200 cm hohe, schwach behaarte Staude ohne Ausläufer.

Standort: Wegränder, Bahndämme, Waldränder, Bachufer, Schuttplätze, stickstoffliebend.

Besonderheit: aromatischer Geruch und würziger Geschmack.

Stengel: aufrecht, reich verzweigt, flaumhaarig, gerillt, oft rötlich oder bräunlich überlaufen.

Blätter: wechselständig, obere sitzend, gefiedert, die Fiedern der oberen Blätter tief gesägt, oberseits dunkelgrün, fast kahl, unterseits weissfilzig.

Blüten: zahlreich in traubenartigen, grossen breitästigen Rispen, Einzelblüten bestehen nur aus Röhrenblüten, eiförmig, gelblich oder rötlich. Blütezeit: Juli bis September.

Beinwell

Symphytum officinale · Borretschgewächse

Weitere Bezeichnungen: Beinwurz, Glotwurz, Hasenbrot, Hasenlaub, Himmelsbrot, Honigblum, Kuchenkraut, Lotwurz, Milchwurz, Schärzwurz, Schmalwurz, Schmeerwurz, Schwarzwurz, Soldatenwurz, Speckwurz, Wallwurz, Schwarze Waldwürze, Zuckerhaferl.

Verwechslungsmöglichkeit: keine.

Verwendete Teile: die ganz jungen Blätter.

Verwertung: frische Blätter als Gemüse, getrocknet als Tee.

Spezialrezept: Wildgemüse (S. 128).

Der Volksmedizin ist die besondere Heilwirkung der Beinwellwurzel seit langem bekannt. Auch die jungen Blätter, vor der Blüte gepflückt, besitzen einen Teil dieser Wirkstoffe und sind als Frühjahrsgemüse willkommen. Die Kenntnis über die knochenstärkende Wirkung der Beinwellpflanze ist noch nicht ganz in Vergessenheit geraten. In manchen Bauerngärten wird sie noch immer kultiviert und dem Viehfutter beigegeben.

Heilwirkungen: Die Wurzeln werden entweder im Frühjahr vor der Blüte der Pflanze oder im Oktober/November gegraben. Sie werden frisch oder getrocknet verarbeitet, jedoch schimmeln sie beim Trockenprozess leicht.

Der Tee von Beinwellwurzeln wirkt schmerz- und blutstillend, reizmildernd und zusammenziehend. Er wird auch als Gurgelwasser bei Halsentzündungen angewandt.

Sehr bewährt sind warme Breiumschläge aus dem Pulver der getrockneten Wurzel und heissem Wasser (alle 24 Stunden erneuern). Dieser Brei hilft äusserlich bei Gelenkentzündungen, Quetschungen, Krampfadern, rheumatischen und neuralgischen Zuständen, Rippenfellentzündung, Gichtknoten, Knochenentzündungen und bei vielem mehr. Statt des Breiumschlages kann auch die sogenannte «Schwarzwurzelsalbe» benutzt werden, die aus ganz fein aufgeschnittenen frischen Wurzeln, in Schweinefett ausgelassen und abgeseiht, hergestellt wird.

Eigene Notizen:

Beinwell

30–100 cm hohe Staude.

Standort: feuchte Wiesen, Bachufer, Bruch- und Auwälder; liebt nassen, stickstoffhaltigen Boden.

Besonderheit: die ganze Pflanze ist steifhaarig.

Wurzel: bis 30 cm lange Pfahlwurzel, aussen schwarz, innen weiss, saftig.

Stengel: vom Grund an ästig, durch die herablaufenden Blätter geflügelt.

Blätter: ungeteilt, untere kurzgestielt, zungenför-mig, bis über 25 cm lang, obere sitzend und der Blattgrund meist weit am Stengel herablaufend, eiförmiglanzettlich, rinnig, mit auf der Unterseite deutlich hervortretenden Adern.

Blüten: endständig, zu 5–9 in einseitswendigen, eingerollten, hängenden Trauben, Einzelblüten rosa, blau, rotviolett, seltener gelblichweiss, kurzgestielt, die Blütenkrone ist verwachsenblättrig, sie bildet eine glockige Röhre mit 5 Zipfeln, an ihrem Schlund sitzen 5 Hohlschuppen, die das Eindringen von Insekten in die Blütenröhre verhindern. Blütezeit: Mai bis August.

Breitwegerich

Plantago major · Wegerichgewächse

Weitere Bezeichnungen: Wegtritt, Grosser Wegerich, Wegebreit, Breitblättriger Wegerich.

Verwechslungsmöglichkeit: mit dem ebenfalls geniessbaren Mittleren Wegerich (Plantago media).

Verwendete Teile: die Blätter.

Verwertung: frische Blätter als Gemüse, Salat- und Quarkbeigabe, getrocknete Blätter als Tee.

Spezialrezept: Wildsalat (S. 148).

Wir haben zunächst bezweifelt, dass Wegerich bei frischen Insektenstichen aller Art und sogar bei Brennesselquaddeln abschwellend und lindernd wirken soll. Dann fanden sich einige Freiwillige, die sich von Bienen, Stechfliegen und Mücken stechen und von Brennesseln «verbrennen» liessen, und siehe da, schon nach kurzem Reiben mit zerquetschten saftigen Wegerichblättern war der Juckreiz verschwunden und trat auch später nicht wieder auf.

Heilwirkungen: Wegerichtee ist sehr zu empfehlen gegen Erkrankungen der Atmungsorgane, bei Husten, Keuchhusten und Lungenspitzenkatarrh sowie gegen Blasenleiden, Magen- und Darmgeschwüre.

Äusserlich finden frische Blätter Anwendung als Auflage gegen Impfschäden, bei Hornhautgeschwüren, Augenentzündungen und Unterschenkelgeschwüren.

Umschläge mit Wegerichpressaft aus der ganzen blühenden Pflanze mit Wurzeln helfen gegen die immer wiederkehrenden Kopfschmerzen.

Bei Insektenstichen und Brennesselquaddeln wirkt das Reiben mit zerquetschten saftigen Wegerichblättern juckreizlindernd und abschwellend.

Eigene Notizen:

Breitwegerich
10–40 cm hohe Staude.

Standort: Ödland, Weiden, Wiesen, Wege, Ufer; liebt feuchte, sandige oder lehmige, stickstoffhaltige Böden.

Stengel: stielrund, unverzweigt, blattlos, kaum länger als der Blütenstand.

Blätter: wechselständig, in grundständiger Rosette, langgestielt, breit eiförmig, parallelnervig mit 3–7 Nerven, ganzrandig oder schwach gezähnt, kahl oder spärlich behaart, Blattstiel rinnig.

Blüten: in 10–13 cm langen, dichten, walzlichen Ähren, Einzelblüten vierblättrig, röhrig, gelblich-weiss, unscheinbar. Blütezeit: Juni bis Oktober.

Grosse Brennessel

Urtica dioica · Nesselgewächse

Weitere Bezeichnungen: Donnernessel, Hanfnessel, Grosse Nessel, Saunessel, Senznessel, Senznettel.

Verwechslungsmöglichkeit: keine.

Verwendete Teile: die jungen Triebspitzen, die Blätter und die Wurzel.

Verwertung: Triebspitzen und Blätter als Gemüse (Brennesselspinat), Suppe, zur Schnapsherstellung, getrocknet als Tee.

Spezialrezept: Wildgemüse (S. 128)

Die Brennessel ist ganz besonders für die Gemüsebereitung geeignet und verfeinert durch reichliche Zugabe jedes Wildgemüsemischgericht. Die jungen Triebspitzen und die Blätter werden vor der Blüte und von nicht blühenden Jungpflanzen gepflückt.

Heilwirkungen: Frischer Pressaft, der mit etwas Wasser verdünnt werden kann, um seinen Geschmack angenehmer zu machen, eignet sich besonders zu einer Frühjahrskur und dient als organischer Salzspender bei kochsalzarmer Diät, der die Nieren nicht belastet.

Brennesselessig gilt als Haarwuchsmittel; man wendet ihn gleichzeitig innerlich als Getränk und äusserlich als Haarwasser an. Der Brennesselessig besteht aus einem Absud von kleingeschnittenen Wurzeln, die, mit Weinessig angesetzt, in einer gut verschlossenen Flasche einige Wochen lang ständig an die Sonne gestellt werden; dann seiht man die Flüssigkeit ab.

Der Brennesseltee wirkt blutreinigend, schleimlösend, auswurffördernd und harntreibend. Eine wochenlange Kur, bei der täglich 2–3 Tassen Tee getrunken werden, wird gegen Leber- und Gallenleiden, Milzerkrankungen, Magenkrämpfe, Darm- und Magengeschwüre und Verdauungsstörungen empfohlen.

Brennesselschnaps wirkt innerlich bei Magenbrennen, Sodbrennen, Magen- und Darmgeschwüren, und äusserlich werden damit Wunden ausgewaschen, Furunkel und Hautunreinheiten gesäubert und der Haarboden bei starker Schuppenbildung eingerieben. Herstellung: 2 gehäufte Handvoll frische Brennesselblätter in 1 l Kornschnaps ansetzen, 4–8 Wochen an der Sonne stehen lassen, abseihen.

Mit frischen ganzen Pflanzen wird bei Gelenkrheumatismus und Rippenfellentzündung die Haut gepeitscht, bis sich die bekannten Quaddeln bilden.

Eigene Notizen:

Grosse Brennessel
30–120 cm hohe Staude.

Standort: Brachflächen, Schuttplätze, Hecken, Wegränder, feuchte Stellen in Laub- und Nadelwäldern, Stickstoffzeiger.

Besonderheit: Die ganze Pflanze ist mit Brennhaaren bedeckt, deren Giftstoff bei Berührung Hautreizungen hervorruft (Nesselquaddeln).

Stengel: aufrecht, vierkantig, mit Brennhaaren und zahlreichen Borstenhaaren.

Blätter: gekreuzt-gegenständig, untere herzförmig, obere länglich-eiförmig, lang zugespitzt, grob gesägt.

Blüten: zweihäusig, in langen, hängenden Rispen in den Achseln der oberen Blätter, Einzelblüten sehr klein, vierblättrig, grün. Blütezeit: Mai bis Oktober.

Brunnenkresse

Nasturtium officinale · Kreuzblütengewächse

Weitere Bezeichnungen: Bornkassen, Kersche, Paderkerse, Wasserkerse, Bachkresse, Wassersenf, Weisse Kresse.

Verwechslungsmöglichkeit: mit dem Bitteren Schaumkraut (Cardamine amara), das jedoch zartrosa Blütenblätter und violette Staubbeutel hat und am Stielgrund zerstreut behaart ist. Der Standort beider Pflanzen ist der gleiche, der Geschmack ähnlich und eine Verwechslung ungefährlich.

Verwendete Teile: die jungen Triebe und die Blättchen.

Verwertung: frische Triebe und Blätter als Würzkraut für Salate, Quark und Kräuterbutter.

Spezialrezept: Butterbrot mit feingehackter Brunnenkresse.

Brunnenkresse kann schon während der Schneeschmelze an den Bachrändern gepflückt werden. Ihr typischer Geschmack, bitter-schärflich-beissend, ähnlich frischen Radieschen, ist durch kein anderes Kraut zu ersetzen. Wer dieses Aroma liebt, dem wird die Brunnenkresse als Quark- und Salatwürze unentbehrlich sein. Grössere Mengen können allerdings die Magenschleimhaut reizen, deshalb sollte man von der Zubereitung eines reinen Kressesalates, wie man ihn von der gezüchteten, weniger intensiven Kresse gewohnt ist, absehen. Die Blättchen müssen sehr gründlich gewaschen oder sogar in Salzwasser gewässert werden, da der für den Menschen schädliche Leberwurm daran haften kann.

Heilwirkungen: Der grosse Naturarzt Mességué empfiehlt geschlagenes Eiweiss mit gehackter Brunnenkresse vermischt als Auflage bei Gelenkschmerzen.

Ferner wirkt Brunnenkresse blutreinigend, magenstärkend, harntreibend, stark schleimlösend und magensaftanregend. Man nimmt sie entweder als Würzkraut oder auch als Frischsaft ein. Von letzterem jedoch nur 2- bis 3mal täglich je einen Teelöffel voll mit der fünffachen Menge Wasser verdünnt. Eine Kur mit Unterbrechungen sollte nicht länger als 4 Wochen dauern. Für Schwangere ist der Genuss von Brunnenkresse völlig verboten.

Eigene Notizen:

Brunnenkresse
Immergrüne 10–30 cm hohe Staude.

Standort: Quellen, Sümpfe, langsam fliessende Bäche, im Wasser wachsend.

Besonderheit: bitterlich-scharfer Geschmack.

Stengel: hohl, kahl, rund, der untere Teil kriechend, zuweilen mit Wurzeln in den Blattachseln.

Blätter: wechselständig, kurzgestielt, dunkelgrün, fleischig, die unteren dreizählig, die oberen unpaarig gefiedert, die 5–15 Fiederblättchen sind eiförmig, ganzrandig.

Blüten: zu 6–9 in Doldentrauben, Einzelblüten weiss, klein, mit vier Blütenblättern, die sich kreuzweise gegenüberstehen, Staubbeutel gelb. Blütezeit: Mai bis August.

Fichte

Picea excelsa · Kieferngewächse

Weitere Bezeichnungen: Feichten, Gräne, Krestling, Pechtanne, Rottanne, Schwarztanne.

Verwechslungsmöglichkeit: kann mit der ebenfalls verwertbaren Tanne (Abies alba) verwechselt werden. Während die Zapfen bei der Fichte herabhängen, stehen sie bei der Tanne aufrecht.

Verwendete Teile: die jungen Triebe.

Verwertung: als Gewürz in Wildbeize, als Sirup, zur Likörherstellung, als Tee.

Spezialrezept: Tannenwipferl-Sirup (S. 142).

Es ist sehr wichtig, dass die Fichtensprossen ganz jung gepflückt werden. Sie sind dann hellgrün und haben gerade das braune Hütchen abgestreift. Erntezeit dafür ist April/ Mai. Vor dem Sammeln sollte man jedoch die Erlaubnis des Waldbesitzers oder des zuständigen Försters einholen oder an gefällten Bäumen pflücken, die noch einmal austreiben. Statt Fichtensprossen können auch Kiefern-, Weisstannen-, Lärchen- oder Wacholdersprossen oder alle diese Arten gemischt verwendet werden.

Heilwirkungen: Der Saft von Fichtensprossen ist schleimlösend und hilft vorzüglich bei Husten und Erkrankungen der Luftwege. «Tannenwipferltee» wird gegen lästigen Husten, grippöse Erscheinungen, Blasenkatarrh und zur Blutreinigung getrunken. Regelmässig genossen, hilft dieser Tee auch gegen die Frühjahrsmüdigkeit.

Eine starke Abkochung von etwa 1 Pfund Fichtensprossen, als Badezusatz verwendet, hat eine belebende Wirkung auf die Haut, wirkt nervenberuhigend und ist auch bei nervösen Herzleiden wirksam.

Eigene Notizen:

Fichte

Immergrüner Baum, bis 60 m hoch, Krone meist pyramidenförmig, mit geradem Stamm, freistehend meist bis fast über den Erdboden bezweigt, Äste mehr oder weniger regelmässig wirtelig, rötlichgelb bis rotbraun, Zweige hängend, Rinde rötlichbraun, mit abblätternden Schuppen.

Standort: besonders im Gebirge, angepflanzt; feuchtigkeitsliebend.

Blätter: Nadeln, einzeln zweiseitswendig an erhabenen Riefen am Zweig sitzend, stumpfvierkantig, bis 2 cm lang und 1 mm dick, stachelspitzig, hart, dunkelgrün, meist glänzend.

Blüten: einhäusig, männliche Kätzchen anfangs rötlich, später gelb, weibliche endständig, zapfenartig, karminrot. Blütezeit: April bis Mai.

Früchte: walzliche, 8–15 cm lange, hängende braune Zapfen mit ausgerandeten oder gestutzten, rhombischen, dünnen Samenschuppen.

Frauenmantel

Alchemilla vulgaris · Rosengewächse

Weitere Bezeichnungen: Frauenhäubel, Frauenmänteli, Gänsepratzerl, Haubn, Herbstmantel, Herrgottsmäntelchen, Liebfrauenmantel, Löwenfusskraut, Marienkraut, Milchkraut, Neunlappenkraut, Ohmkraut, Regentropfen, Schüsselichrut, Sinau, Taubecherl, Taumantel, Trauermantel, Weiberkittel.

Verwechslungsmöglichkeit: keine.

Verwendete Teile: die jungen Blätter und die blühende Pflanze ohne Wurzel.

Verwertung: frische Blätter als Gemüse, Salatbeigabe, Quarkgewürz, getrocknete Blätter und die blühende Pflanze als Tee.

Spezialrezept: Frühlingssalat aus Wildkräutern (siehe Salatkräuter, S. 145 ff.).

Die heilwirksame Pflanze Frauenmantel ist wegen ihrer guten Eigenschaften bei Kräutersammlern von alters her bekannt und wegen der Eigenart der Blätter nicht mit anderen Pflanzen zu verwechseln. Sie erscheint auch schon im Frühjahr mit frischen Trieben und bietet sich daher als Beigabe zu Rohsalaten und Wildmischgemüse an. Im Frühlingsquark sollten ein paar Blättchen davon feingehackt ebenfalls nicht fehlen.

Heilwirkungen: Der Tee aus getrockneten Blättern wirkt regulierend auf die Menstruation und wird bei Wassersucht, Blutarmut, Arterienverkalkung, Rheuma und Gicht empfohlen. Er gilt auch als wundheilendes Mittel und als wundzusammenziehendes Spülmittel nach Zahnziehen.

Der frische Pressaft soll äusserlich angewandt gegen Sommersprossen helfen.

Eigene Notizen:

Frauenmantel

15–50 cm hohe Halbrosettenstaude mit verholztem Wurzelstock.

Standort: feuchte Wiesen und Weiden, Wegränder, auch in grasigen Wäldern; etwas kalkscheu.

Besonderheit: Absonderung von Guttationstropfen. Bei feuchter Witterung scheiden die Spalten an den Blattzähnen Wassertropfen aus, die dann wie ein Perlsaum am Blattrand hängen oder sich in einem grossen Tropfen in der Blattmitte sammeln.

Stengel: aufrecht, verzweigt, kahl oder behaart.

Blätter: wechselständig, mit Nebenblättern, untere lang-, obere kurzgestielt oder sitzend, 7- bis 11lappig, höchstens bis zur Hälfte eingeschnitten, im Umriss rundlich-nierenförmig, gezähnt, kahl oder behaart.

Blüten: in endständiger, reichblütiger, oben kahler Rispe, gelbgrün, 3–5 mm im Durchmesser, nur aus den Kelchblättern bestehend, mit Aussenkelch. Blütezeit: Mai bis Oktober.

Gundermann

Glechoma hederaceum · Lippenblütengewächse

Weitere Bezeichnungen: Blauhuder, Buldermann, Donnerrebe, Efeugundermann, Erdefeu, Grundrebli, Gundelrebe, Gunelreif, Heilrauf, Huder, Huderich, Udram, Udrang, Zickelskräutchen.

Verwechslungsmöglichkeit: keine, wenn man auf den aromatischen Geruch achtet.

Verwendete Teile: die Blätter, die jungen Triebe und die ganze Pflanze.

Verwertung: junge Blätter frisch oder getrocknet in kleiner Menge als Gewürz für Salate, Quark, Kräuterbutter, Fisch und Grüne Sauce, junge Triebe für Frühlingskräutersuppe, die ganze Pflanze für Kräuteröl und -essig, als Tee.

Spezialrezept: Frühlingskräutersuppe (S. 134).

Gundermann gehört zu den gleich nach der Schneeschmelze treibenden Pflanzen und hat seine Hauptblütezeit im April/Mai. Die jungen Blättchen sind das ganze Jahr über verwertbar, sollten jedoch wegen ihres oft als eigenartig empfundenen Aromas nur sparsam verwendet werden.

Heilwirkungen: Der frische Pressaft, 3mal täglich ein Teelöffel voll eingenommen, wird bei Schnupfen, Asthma und Rachenkatarrh empfohlen.

Für die Teeherstellung sammelt man das blühende Kraut. Der Tee hilft vorzüglich bei Blasenleiden, chronischen Katarrhen, Verschleimungen der Lunge und des Magens, bei leichten Periodenstörungen und behebt Mineralsalzmangel. Waschungen mit Gundermanntee werden bei Geschwüren, Fisteln und sich nicht schliessenden Wunden vorgenommen.

Gundermann, in Wein oder Wasser gesotten, ist ein hervorragendes Gurgelmittel gegen Mundfäule.

Eigene Notizen:

Gundermann

Immergrüne, 5–40 cm hohe Staude, die lange, wurzelnde Ausläufer treibt.

Standort: lichte Wälder, Auwälder, Wiesen, Wegränder, Hecken; liebt feuchten, stickstoffhaltigen Boden.

Besonderheit: aromatischer Geruch.

Stengel: vierkantig, fein behaart, an den Knoten wurzelnd, niederliegend, nur die blühenden Triebe aufgerichtet.

Blätter: gegenständig, langgestielt, untere rundlich-nierenförmig, obere mehr herzförmig, gekerbt, oft rötlich oberseits glänzend, unterseits matt grün, flaumhaarig oder kahl.

Blüten: in den Achseln der Hochblätter zu 2–8 in Wirteln angeordnet, Einzelblüten 1–2 cm lang, blauviolett, selten rosa, Lippenblüten mit flacher Oberlippe, auf der Unterlippe purpurn gefleckt. Blütezeit: März bis Juni.

Huflattich

Tussilago farfara · Köpfchenblütengewächse

Weitere Bezeichnungen: Bachblümlein, Berglatschen, Brandlattich, Brustlattich, Hoflörrich, Hufblatt, Labassen, Ladderblätter, Lehmblümel, Märzblume, Ohmblätter, Rosshub, Sandblümel, Sommertürl, Tabakkraut, Teebleaml, Zeitrösele.

Verwechslungsmöglichkeit: die ausgewachsenen Blätter des Huflattichs können denen der Pestwurz (Petasites hybridus) sehr ähnlich sein. Pestwurz wird aber grösser, und eine Verwechslung ist nicht schädlich, da sie die gleichen Heilwirkungen besitzt.

Verwendete Teile: die Blüten und die Blätter.

Verwertung: Blätter als Salat, Gemüse, Quark, für Kräutersuppen und -saucen, getrocknete Blätter und Blüten als Tee.

Spezialrezept: Huflattichsalat mit Senfmarinade, Sauce II (S. 146).

Die Blüten des Huflattichs erscheinen gleich nach der Schneeschmelze und sind zu der Zeit die einzigen gelbblühenden Köpfchenblütler. Am schuppigen Stengel ist die Pflanze ebenfalls gut zu erkennen. Die Blätter entwickeln sich erst, wenn der Fruchtstand ausgereift ist. Sie sind in jungem Zustand von einem weisslichen, leicht abwischbaren Filz überzogen. Für Salat sollten gerade diese Blätter ganz fein aufgeschnitten werden, sie

hinterlassen sonst beim Essen ein pelziges Gefühl im Mund. Getrocknete, gerollte Blätter können als Tabakersatz dienen.

Heilwirkungen: Frischer Pressaft sollte Bestandteil der Frühjahrskur sein. Er hilft auch, ins Ohr geträufelt, bei Ohrenschmerzen.

Die Auflage von frischen, zerstossenen Blättern wird bei eiternden Wunden, Insektenstichen und Hautausschlägen angewandt. Bei Venenentzündungen wird eine salbenartige Masse aus frischen, zerstossenen Blättern und süssem Rahm, mehrmals täglich auf die entzündeten Stellen aufgetragen, empfohlen.

Huflattichtee wirkt entzündungshemmend, beruhigend, schleimlösend und blutreinigend. Bei Verschleimung bereitet man eine Tinktur aus Huflattichblüten: eine Handvoll Blüten in 1 l Branntwein oder Weingeist ansetzen, 6–8 Wochen stehen lassen und dann abseihen. Eingenommen wird diese Tinktur je nach Schwere der Verschleimung 3- bis 5mal täglich, indem 8–10 Tropfen auf ein Stück Zucker gegeben werden.

Eigene Notizen:

Huflattich

10–30 cm hohe, behaarte Staude mit Wurzelstock und unterirdischen Ausläufern.

Standort: feuchte Äcker, Wegränder, Kiesgruben, steinige Matten, Bachufer; besonders auf Lehmboden.

Besonderheit: Pflanze zur Blütezeit ohne Blätter, nur mit rötlichbraunen, spinnwebartig behaarten Blattschuppen am Stengel.

Stengel: unverzweigt, zur Blütezeit trägt jeder Sten-gel ein bei sonnigem Wetter aufrechtes, bei trübem Wetter nickendes Blütenköpfchen.

Blätter: in lockerer Rosette, nach der Blüte erscheinend, grundständig, langgestielt, bis hand-gross, rundlich-herzförmig, unterseits graufilzig, oberseits verkahlend, Spreite leicht gelappt, die Lappen kurz, spitz, entfernt gezähnt.

Blüten: endständige, 2–3 cm grosse, goldgelbe Körbchen mit mehreren Reihen schmaler Zungenblüten und in der Mitte mit Röhrenblüten. Blütezeit: März bis Mai.

Löwenzahn

Taraxacum officinale · Köpfchenblütengewächse

Weitere Bezeichnungen: Apostelwurz, Augenwurz, Butterblume, Eierbusch, Feldblume, Kettenblume, Knabenblume, Kuhblume, Maienzahn, Milchdistel, Mönchsblume, Popenblume, Saubleaml, Sommerdornkraut, Sonnenwurzel, Wilde Zichorie.

Verwechslungsmöglichkeit: Im Frühjahr gibt es keine ähnliche Pflanze. Im Herbst kann der Löwenzahn mit dem sehr bitteren, ungiftigen Herbstlöwenzahn (Leontodon autumnalis) verwechselt werden, dessen Stengel jedoch nicht hohl ist.

Verwendete Teile: die Blätter, die Blüten und die Wurzel.

Verwertung: Blätter als Salat, Quarkbeigabe, für Grüne Sauce, Kräutersuppen, frische Blüten für Löwenzahnleckerli (S. 138), getrocknete Blätter, Blüten und Wurzeln für Tee.

Spezialrezept: Löwenzahnleckerli und daraus «Löwenfang-Likör» (S. 138).

Als eines der ersten Vorfrühlingskräuter ist der Löwenzahn zu dieser Jahreszeit besonders wertvoll. Seine Blätter schmecken, vor der Blüte gepflückt, kein bisschen bitter und können deshalb in grösseren Mengen frisch verarbeitet werden.

Heilwirkungen: Löwenzahn dient zur Verbesserung des gesamten Stoffwechsels und hilft bei Gicht, Rheuma, Hautekzemen, Flechten, Fettsucht, Appetitlosigkeit, Darmträgheit, Geschwüren und Störungen der Leber- und Gallentätigkeit. Die grösste Wirkung hat der frische Pressaft, mit dem man eine 3- bis 4wöchige Kur machen sollte, indem täglich 2–3 Esslöffel eingenommen werden. Zur Geschmacksverbesserung kann etwas Zitronensaft dazugegeben werden.

Der Tee wird aus getrockneten Blättern, Blüten und fein aufgeschnittenen Wurzeln bereitet. Der Löwenzahnwurzeltee hat eine erfrischende, reinigende, schweisstreibende und stärkende Wirkung.

Löwenzahnwein (S. 140) und Löwenzahnleckerli (S. 138) helfen ebenfalls gegen die obengenannten Beschwerden.

Der Milchsaft frischer Stengel soll aufgetupft gegen Warzen helfen.

Eigene Notizen:

Löwenzahn
5–50 cm hohe Staude mit Milchsaft.

Standort: Äcker, Fettwiesen, Grasplätze, Wegränder, Gärten, lichte Wälder; stickstoffliebend.

Besonderheit: Die Pflanze enthält einen weissen, bitter schmeckenden Milchsaft, der auf der Haut braune Flecken gibt.

Wurzel: lange, fleischige Pfahlwurzel.

Stengel: röhrig, hohl, mit blattlosem Schaft, unverzweigt.

Blätter: in grundständiger Rosette, schrotsägeförmig.

Blüten: in endständigen Köpfchen von 3–5 cm Durchmesser, nur aus sattgelben, zahlreichen Zungenblüten bestehend, die äusseren, hellgrünen Hüllblätter sind stets zurückgeschlagen und kürzer als die inneren. Blütezeit: April bis August.

Wilder Majoran

Origanum vulgare · Lippenblütengewächse

Weitere Bezeichnungen: Gemeiner Dost, Dosten, Wilder Dost.

Verwechslungsmöglichkeit: keine ähnliche Pflanze mit dem typischen Geruch.

Verwendete Teile: die Blätter und die blühende Pflanze.

Verwertung: Blätter frisch oder getrocknet als Gewürz für Salate, Quark, Kräuterbutter, Fleisch- und Fischgerichte, Saucen, besonders auch zu Enten- und Gänsebraten, Pizza, Hausmacherwurst, Kartoffelsuppe und Eintöpfen, die blühende Pflanze zu Tee.

Spezialrezept: Pizza (S. 155).

Die vielseitige Verwendbarkeit der frischen und getrockneten Blätter als Würzmittel für fast alle Gerichte macht den Wilden Majoran in der Küche unentbehrlich. An seinen Standorten kommt er in Mengen vor, und Sie sollten ihn auch reichlich sammeln, um sich mit einem hervorragenden Trockengewürz für den Winter zu bevorraten.

Das würzige Kraut, in kleineren Mengen, gibt Schmalz, Pizza, Kartoffel- und Leberknödeln, Quark sowie Hackfleisch, Lamm und Tomatensauce einen sehr feinen Geschmack. Er hilft fette Speisen leichter zu verdauen. Die frischen Blätter werden sparsam verwendet und sollten nur kurz mitgekocht werden.

Heilwirkungen: Tee aus dem getrockneten blühenden Kraut regt die Verdauung an, hilft bei Krämpfen, ist magenstärkend, hustenstillend und appetitanregend.

Äusserlich wird der Tee, in die Kopfhaut einmassiert, als haarwuchsförderndes Mittel angewandt.

Als Badezusatz wirkt der Wilde Majoran beruhigend und stärkend.

Eigene Notizen:

Wilder Majoran
30–60 cm hohe Staude.

Standort: Trockenwälder, lichte Gebüsche, Halbtrockenrasen, Wegraine; bevorzugt nährstoffreichen, kalkhaltigen Boden, wärmeliebend.

Besonderheit: herb-aromatischer Geruch, der dem des Echten Majoran ähnelt.

Stengel: aufrecht, steif, kantig, weich behaart, oben braunrot.

Blätter: gekreuzt-gegenständig, kurzgestielt, leicht behaart, eiförmig, lang zugespitzt, ganzrandig oder wenig gezähnt, die Hochblätter sind oft rot überlaufen, in den oberen Blattachseln häufig mit kurzen, beblätterten Trieben.

Blüten: in end- und achselständigen, langgestielten, kugeligen Blütenständen, die sich aus einzelnen Rispen oder Doldenrispen zusammensetzen, ca. 0,5 cm lange Lippenblüten mit deutlich erkennbarer Ober- und Unterlippe, hell- bis purpurrot, selten weiss. Blütezeit: Juli bis September.

Grosser Sauerampfer

Rumex acetosa · Knöterichgewächse

Weitere Bezeichnungen: Amper, Hampes, Läuskraut, Lüs, Pampfer, Sauerblätter, Sauerhampf, Sauerstengel, Süerling, Sür, Surampert, Wiesensauerampfer.

Verwechslungsmöglichkeit: mit dem ebenfalls essbaren Kleinen Sauerampfer (Rumex acetosella) und mit ungeniessbaren Ampferarten. Ausschlaggebend zur Erkennung für den echten Sauerampfer ist der säuerliche Geschmack der Blätter.

Verwendete Teile: die Blätter.

Verwertung: frische Blätter für Grüne Sauce, Gemüse, Sauerampfersuppe, als Salat- und Quarkbeigabe, in Kartoffelsuppe.

Spezialrezept: Sauerampfergemüse mit Korinthen (S. 138).

Der Sauerampfer darf wegen seines säuerlichen Geschmacks zur Verfeinerung der echten Frankfurter Grünen Sauce nicht fehlen. Da in der «Grüne-Sauce-Region» ein erheblicher Bedarf besteht, wird die Pflanze dort in grossen Kulturen angebaut. Einzelne Blättchen der Wildpflanze passen überall dort zu einem Gericht, wo Kräuter vorgeschrieben sind.

Heilwirkungen: Sauerampfer wirkt blutreinigend, abführend und harntreibend. Pressaft und Salat von frischen Blättern gehören zur blutreinigenden Frühjahrskur, beheben Vitamin-C-Mangel und gelten als appetitanregendes, verdauungsförderndes Mittel. Äusserlich hilft der Saft gegen Hauterkrankungen.

Der Genuss von Sauerampfer ist bei Nierenschädigung und Neigung zur Steinbildung und zu Gicht zu vermeiden.

Eigene Notizen:

Grosser Sauerampfer

30–100 cm hohe, zweihäusige Staude mit ästigem, langfaserigem Wurzelstock.

Standort: Wiesen, Weiden, Gebüsche, Wegränder, Ufer; liebt nährstoff- und stickstoffreiche, meist lehmige Böden.

Besonderheit: stark sauer schmeckende Blätter.

Stengel: aufrecht, gerieft, meist rot überlaufen, mit deutlich verdickten Knoten.

Blätter: wechselständig, dicklich, derb, Grundblätter langgestielt, eiförmig-länglich bis pfeilförmig, 2–3 cm breit, mit stengelumfassender, gezähnt-geschlitzter Röhre, obere Blätter stengelumfassend.

Blüten: zu mehreren gebüschelt in lockeren, unterbrochenen, blattlosen Blütenständen aus meist einfachen, entfernt stehenden Ästen, Einzelblüten gestielt, klein, 6blättrig, grün, rötlich überlaufen. Blütezeit: Mai bis Juli.

Schafgarbe

Achillea millefolium · Köpfchenblütengewächse

Weitere Bezeichnungen: Blutkraut, Blutstillkraut, Dusendtacken, Fasankraut, Feldgarbe, Frauendank, Gachelkraut, Garbenkraut, Gotteshand, Grensing, Kachelkraut, Katzenkraut, Margaretenkraut, Lämmerzunge, Schafzunge, Tausendblatt, Teekraut.

Verwechslungsmöglichkeit: keine.

Verwendete Teile: die Blätter und die Blüten.

Verwertung: frische Blätter als Würze für Quark, Salat, als Mischwürze für Fleischgerichte, Saucen, Suppen, Fisch, Grüne Sauce, getrocknete Blätter und Blüten als Tee.

Spezialrezept: Grüne Sauce (S. 134).

Die jungen Blättchen der Schafgarbe gehören im Frühjahr zum ersten Grün. Sie sollten dann reichlich als Quarkwürze und Salatbeigabe verwendet werden und passen überall dort hin, wo man auch Dill benutzen würde. Wenn die Pflanze blüht, wird sie mit Blättern und Blüten als Teekraut getrocknet.

Heilwirkungen: Schafgarbe wirkt tonisierend, stoffwechselanregend, krampflösend und blutreinigend. Der frische Schafgarbensaft, der ganz frisch genossen werden muss und keinesfalls gären darf, wirkt kräftigend auf den gesamten Organismus.

Frischer Saft oder Tee wird bei Appetitlosigkeit, Magen- und Darmkatarrh, Herzanfällen, chronischen Katarrhen der Atemwege, Stuhlverstopfung und Gallenkrämpfen getrunken.

Äusserlich, als Saft oder Tee, hilft Schafgarbe bei Hautleiden, Geschwüren und bei der Wundbehandlung.

Warme Vollbäder mit einem Badezusatz von Schafgarbe und Kamille lindern allgemeine Nervenschmerzen.

Eigene Notizen:

Schafgarbe

20–80 cm hohe, behaarte Staude mit hellbraunem, verzweigtem, weitkriechendem Wurzelstock.

Standort: Wiesen, Weiden, Trockenrasen; auf meist stickstoffhaltigem, trockenem Boden.

Besonderheit: aromatischer Geruch und herb-würziger Geschmack.

Stengel: aufrecht, zottig behaart, im Querschnitt zylindrisch, innen markig.

Blätter: wechselständig, kurzgestielt, lanzettlich, untere 15–30 mm breit, nicht punktiert, federartig, unpaarig gefiedert, anfangs hellgrün und feinseidig behaart, dann dunkelgrün und schwach behaart, Fiederblättchen 2- bis 5fach fiederspaltig, Mittelrippe des gefiederten Blattes ungezähnt.

Blüten: in kleinen, dichten, flachen, vielteiligen Doldentrauben, aussen meist nur 4 bis 5 kurze weisse oder rosa Zungenblüten, innen gelblich-weisse Röhrenblüten. Blütezeit: Juni bis Oktober.

Scharbockskraut

Ficaria verna · Hahnenfussgewächse

Weitere Bezeichnungen: Feigwurz, Frühlingsscharbockskraut.

Verwechslungsmöglichkeit: keine.

Verwendete Teile: die jungen Blätter und die Brutknöllchen.

Verwertung: frische Blätter besonders als Gemüse, kleine Mengen als Salat- und Quarkbeigabe, zu Grüner Sauce, Kräutersuppen.

Spezialrezept: Deutsche Kapern aus Brutknöllchen, die nach der Blüte in den Blattachseln heranwachsen (S. 162).

Das Wort «Scharbock» bedeutet Skorbut, eine Krankheit mit Zahnausfall und anderen schweren Krankheitserscheinungen durch Vitaminmangel. Als erster Vitaminspender nach dem Winter wurde früher das Scharbockskraut reichlich genossen, um Vitaminmangelerscheinungen vorzubeugen oder sie zu beheben. In grösseren Mengen sollte es nur bis zum Beginn der Blüte verwendet werden, da sich später Giftstoffe in den Blättern ansammeln. Durch seinen besonders feinen, völlig bitterfreien Geschmack ergibt das Scharbockskraut ein gutes Gemüse und sollte rein oder als Hauptbestandteil eines Gerichtes verwendet werden.

Heilwirkungen: Das Scharbockskraut kann durch seinen Reichtum an Vitaminen als Heilmittel gegen Krankheiten betrachtet werden, die durch Vitaminmangel bedingt sind.

Eigene Notizen:

Scharbockskraut

5–20 cm hohe, rasenbildende Staude.

Standort: Auwälder, feuchte Laubwälder, Gebüsche, Wiesen, Parkanlagen; liebt tiefgründigen, stickstoffhaltigen, feuchten Boden.

Stengel: hohl, niederliegend bis aufsteigend, in den Blattachseln oft mit Brutknöllchen.

Blätter: wechselständig, fettglänzend, kahl, gekerbt, Grundblätter langgestielt, herz-nierenförmig, obere Blätter kürzer gestielt, handförmig-eckig.

Blüten: einzeln endständig, langgestielt, 3 Kelchblätter, 8–12 schmale, goldgelbe glänzende Blütenblätter, 1,5 bis 3,5 cm Durchmesser, beim Verblühen ausbleichend. Blütezeit: März bis Mai.

Wilder Thymian

Thymus serpyllum · Lippenblütengewächse

Weitere Bezeichnungen: Feld-Thymian, Kleiner Kostets, Sand-Thymian, Quendel.

Verwechslungsmöglichkeit: Einen ähnlich würzigen Geruch und ähnliche Blätter und Blüten hat der ebenfalls als Gewürz geltende Wilde Majoran (Origanum vulgare). Er kann am gleichen Standort wachsen, wird aber viel grösser (vergleiche Steckbrief S. 40).

Verwendete Teile: die Blätter und die ganze blühende Pflanze.

Verwertung: frische und getrocknete Blätter in kleinen Mengen als Gewürz für Würste, Salate, Quark, Kräuterbutter, Steaks, Klösse, Braten, Saucen, Fisch, für Hülsenfruchtgerichte, die getrocknete Pflanze für Kräuteröl und -essig, als Tee.

Spezialrezept: Kartoffelsuppe (S. 152).

Die gut ausgebildete Pflanze des Wilden Thymians wirkt wie ein dichtes Polster. Es steht Blüte bei Blüte, so dass von den Blättchen kaum etwas zu sehen ist. Das Aroma ist in den Blättern zu jeder Jahreszeit in gleichem Masse enthalten. Für das Frisch- und Trokkengewürz benutzt man schöne Blättchen oder nichtblühende Triebe, für Tee die ganze blühende Pflanze, wobei jedoch verholzte Teile entfernt werden.

Heilwirkungen: Der Tee hat eine schleimlösende, desinfizierende, stärkende Wirkung und wird bei Verschleimung der Atmungsorgane, bei Husten, Bronchialkatarrh, Verdauungsstörungen, Gallenerkrankungen, Rheuma, Kopf- und Zahnschmerzen empfohlen.

Der Ansatz von Blüten oder Blättern in Alkohol wird als Einreibemittel bei Quetschungen, Verrenkungen, Beulen und Geschwülsten angewandt.

Der Badezusatz aus Pflanzen des Wilden Thymians wirkt gemischt mit Schafgarbe (S. 44) und Wacholderbeeren (S. 84) allgemein belebend und gliederstärkend.

Eigene Notizen:

Wilder Thymian
10–30 cm hoher, niederliegender Halbstrauch, dichte Rasen bildend.

Standort: lichte Wälder, Matten, Heiden, Wegränder, Böschungen; liebt lockere, sandige oder steinige Böden, aber auch auf Lehmboden.

Besonderheit: starker, aromatischer Geruch.

Stengel: rundlich-vierkantig, kurz behaart, niederliegend bis aufsteigend, nur zuweilen am Grunde etwas verholzt.

Blätter: gekreuzt-gegenständig, kurzgestielt, lineal bis elliptisch, bis 1 cm lang, ganzrandig mit flachem oder wenig eingerolltem Rand, etwas lederig, unterseits kahl bis leicht behaart.

Blüten: zu 3–6 in den oberen Blattachseln und in endständigen, kugeligen oder länglichen Köpfchen, Blütenstengel leicht behaart, Einzelblüten rosenrote bis violett-purpurrote, sehr kleine Lippenblüten. Blütezeit: Juni bis Oktober.

Waldmeister

Galium odoratum. · Rötegewächse

Weitere Bezeichnungen: Gliedkraut, Halskräutlein, Herzfreude, Leberkraut, Magerkraut, Maiblume, Maichrut, Maitrank, Maisch, Masslenkraut, Mösch, Möserich, Sternleberkraut, Tabakskraut, Teekraut, Waldleberkraut, Waldmanndl, Waldtee.

Verwechslungsmöglichkeit: Ähnlich ist das Waldlabkraut (Galium silvaticum), das aber nicht den arttypischen Duft entwickelt.

Verwendete Teile: das Kraut vor der Blüte und die blühende Pflanze.

Verwertung: das frische Kraut vor der Blüte für Waldmeisterbowle, das getrocknete blühende Kraut als Tee.

Spezialrezept: Waldmeisterbowle (S. 143).

Eine Zeitlang galt Waldmeister als krebserregend und war zur Herstellung von Getränken usw. verboten. Neuere Untersuchungen haben ergeben, dass der Cumaringehalt so gering ist, dass bei normalem Verbrauch keine Schädigungen eintreten können. Gönnen Sie sich also ruhig einmal eine erfrischende Waldmeisterbowle. Kräutersträusschen von vor der Blüte gesammeltem Kraut entwickeln getrocknet, frei im Zimmer oder im Kleiderschrank hängend, einen feinen Duft.

Heilwirkungen: Waldmeistertee von blühendem Kraut hat eine harntreibende, blutreinigende und leicht schweisstreibende Wirkung. Ausserdem wirkt er beruhigend bei Leibschmerzen, behebt Schlaflosigkeit, wird bei Neigung zu Griess- und Harnsteinbildung angewandt und gilt als schmerzstillender Trank bei Migräne und Neuralgie.

Tee von vor der Blüte gesammeltem Kraut wirkt krampflösend und beruhigend.

Belebend, herzstärkend und verdauungsfördernd ist der Maitrank (S. 143).

Eigene Notizen:

Waldmeister

10–30 cm hohe Staude mit dünnem, rotbraunem, niederliegendem Wurzelstock.

Standort: schattige Laub- und Mischwälder, in grossen Beständen besonders in Buchenwäldern; liebt nährstoffreichen, lockeren, mullreichen Boden.

Besonderheit: Welkende Pflanzen duften stark.

Stengel: aufrecht, vierkantig, glatt, unverzweigt.

Blätter: gegenständig, sitzend, in 6–8zähligen Quirlen, lanzettlich-zugespitzt, 1–4 cm lang, dunkelgrün, glänzend, am Rand mit vorwärts gerichteten Borsten.

Blüten: in endständigen, langgestielten, lockeren Doldentrauben, Einzelblüten schneeweiss, klein, trichterförmig, verwachsen, bis zur Mitte gespalten, mit 4 Zipfeln. Blütezeit: April bis Mai.

Wiesenbärenklau

Heracleum sphondylium · Doldengewächse

Weitere Bezeichnungen: Bärenfuss, Bärenklaue, Bärentatz, Bärntutschn, Bullnklau, Emdstengel, Kröpel, Kuhlatschn, Latsche, Ochsenzunge, Rauhmaul, Rosskümmel, Pferdekümmel, Säuchrut, Schättele, Tuten, Wolfklau.

Verwechslungsmöglichkeit: von der Blüte her mit anderen Doldenblütlern. Der Wiesenbärenklau ist aber an den grossen, filzig behaarten Blättern, die aus einer bauchig aufgeblasenen Blattscheide herauswachsen, deutlich zu erkennen.

Verwendete Teile: die jungen Blätter und die Samen.

Verwertung: junge Blätter als Beigabe zu Salat, Quark, Grüner Sauce, Kräutersuppe.

Spezialrezept: Forelle mit Kräutersträusschen (S. 157).

Beim Riesenbärenklau (Heracleum mantegazzianum), mit 2,50 bis 3 m Höhe einer wirklich riesenhaften Form des Bärenklaus, wird wegen der Hautentzündungsgefahr vor Berührung, besonders bei Sonnenlicht, gewarnt. Empfindliche Personen sollten auch beim Pflücken des Wiesenbärenklaus darauf achten, ob sie die Berührung damit vertragen. Ich habe noch nie etwas über Unverträglichkeit gehört und auch selbst beim häufigen Sammeln der Blätter noch keine nachteiligen Erfahrungen gemacht.

Heilwirkungen: Der Tee von Blättern und Samen wirkt blutdrucksenkend, stimulierend und verdauungsfördernd. Ausserdem wird ihm eine aphrodisierende Wirkung nachgesagt.

Eigene Notizen:

Wiesenbärenklau

30–150 cm hohes, zweijähriges Kraut oder Staude.

Standort: Wiesen, Wegränder, lichte, feuchte Laub- und Mischwälder, Auwälder, Gebüsche, bevorzugt lockeren, stickstoffhaltigen Boden.

Besonderheit: Die ganze Pflanze riecht unangenehm stark.

Stengel: aufrecht, oben ästig, steifhaarig oder kahl, kantig gefurcht, hohl.

Blätter: wechselständig, behaart, untere bis 50 cm lang, ein- bis mehrfach gefiedert, Blattabschnitte meist gross, breit eiförmig bis lanzettlich, gezähnt, Blattscheiden stark bauchig aufgetrieben.

Blüten: in schirmförmigen, zusammengesetzten Dolden mit 15–30 Strahlen, Doldendurchmesser bis über 20 cm, Hülle fehlend oder weniger als 6blättrig, Hüllchenblätter zahlreich, lanzettlich bis lineal, Strahlen der Dolden und Döldchen weich behaart, Einzelblüten mit 6 herzförmig ausgerandeten Blütenblättern, reinweiss, auch rosa oder grünlich überlaufen, Randblüten grösser und tiefer gelappt. Blütezeit: Juni bis Oktober.

Grosser Wiesenknopf

Sanguisorba officinalis · Rosengewächse

Weitere Bezeichnungen: Bibernell, Blutkopf, Blutströpfli, Braunelle, Hartkopp, Heideköpfli, Kaminkehra, Kölble, Schlotfeger, Schneiderhosenknopf.

Verwechslungsmöglichkeit: mit dem selteneren, unschädlichen Kleinen Wiesenknopf (Sanguisorba minor), dessen Blütenköpfchen aber auf einem viel stämmigeren Stengel sitzen. Auch dieser kann als Würzmittel verwendet werden und hat einen gurkenähnlichen Geschmack.

Verwendete Teile: die Blätter.

Verwertung: junge frische Blätter als Würze für Salat, Quark, Grüne Sauce, Suppen, Kräuterbutter, als Gemüse, für Kräuteressig und -öl.

Spezialrezept: Grüne Sauce (S. 134).

Die Blätter des Wiesenknopfs werden in alten Kräuterbüchern immer wieder als Würze, besonders für die Frankfurter Grüne Sauce, empfohlen, so dass wir neugierig wurden, wie dieses Kraut nun eigentlich schmeckt. Nach eingehender Kostprobe konnten wir den Geschmack genau festlegen: nämlich wie das Häutchen, das die fast reifen Walnusskerne noch umgibt. In geringen Mengen kann dieses aparte Aroma durchaus zur Verbesserung mancher Gerichte beitragen.

Heilwirkungen: Vom Grossen Wiesenknopf sind in der Volksmedizin keine besonderen Heilwirkungen bekannt.

Eigene Notizen:

Grosser Wiesenknopf
30–90 cm hohe Halbrosettenstaude mit kräftiger Wurzel.

Standort: feuchte Wiesen, Flachmoore; liebt feuchten, torfigen oder lehmigen Boden.

Besonderheit: Blättchen mit apartem Geschmack.

Stengel: aufrecht, gerillt, wenig beblättert, oben verzweigt.

Blätter: unpaarig gefiedert, mit 7–15 Fiederblättchen und Nebenblättern, Fiederblättchen herzförmig, gezähnt, unterseits blaugrün, oberseits dunkelgrün, Grundblätter in Rosetten, Stengelblätter wechselständig.

Blüten: in langgestielten, eilänglichen, 1–2 cm grossen Köpfchen, Einzelblüten sehr klein, nur aus vier braunen oder schwarzpurpurnen Kelchblättern bestehend. Blütezeit: Juni bis September.

Wiesenknöterich

Polygonum bistorta · Knöterichgewächse

Weitere Bezeichnungen: Lämmerschwanz, Lämmerzunge, Natterwurz, Natterzunge, Otternwurz, Schlangenknöterich, Schlangenwurz.

Verwechslungsmöglichkeit: keine

Verwendete Teile: die Blätter, das blühende Kraut und die Wurzel.

Verwertung: frische Blätter als Gemüse, Salat- und Quarkbeigabe, als Suppengewürz.

Spezialrezept: Kräuterrollen (S. 131).

Die jungen Blätter des Wiesenknöterichs ergeben ein schmackhaftes Wildgemüse und können mit anderen Gemüsekräutern gemischt werden. Knöterich besitzt die grössten Blätter unter den Wildkräutern, die besonders zu dem Spezialgericht benötigt werden.

Heilwirkungen: Der Tee von blühendem getrocknetem Kraut wird bei verschiedenartigen inneren Blutungen angewandt und hilft bei Durchfall und Ruhr. Äusserlich wird er als Spülmittel bei Mundfäule, Mund- und Zahnfleischleiden empfohlen und findet als blutstillendes Mittel und als Umschlag auf Geschwüren Verwendung.

Ebenso wirkt der Tee von den Wurzeln des Wiesenknöterichs. Die Tagesmenge davon beträgt 10 g der zerkleinerten Wurzeln, in 2 Tassen Wasser 5–10 Minuten gekocht.

Eigene Notizen:

Wiesenknöterich

30–120 cm hohe Staude mit deutlich verdickten Knoten.

Standort: vor allem in den Bergen auf feuchten Wiesen, an Ufern, in Laub- und Mischwäldern und Auwäldern; bevorzugt schwach sauren, nährstoffreichen Boden.

Stengel: aufrecht, unverzweigt.

Blätter: wechselständig, oberseits dunkelgrün, unterseits bläulichgrün, gewellt, bis 15 cm lang, Grundblätter länglich-dreieckig-eiförmig bis pfeilförmig, am Grunde mit stengelumfassender Röhre, obere Blätter mit herzförmigem Grunde sitzend.

Blüten: in endständigen, 3–5 cm langen, dichten, walzlichen Scheinähren, die von unten nach oben aufblühen, Einzelblüten rötlichweiss, klein. Blütezeit: Mai bis August.

Wiesensalbei

Salvia pratensis · Lippenblütengewächse

Weitere Bezeichnungen: Brandele, Hahnenkamp, Katzenschwaf, Kikelsschwamm, Stinker.

Verwechslungsmöglichkeit: keine mit giftigen Pflanzen, wenn die pelzigen, würzigen Blätter und die markante Blüte beachtet werden.

Verwendete Teile: die Blätter und die Blüten.

Verwertung: frische und getrocknete Blätter als Gewürzkraut, besonders für Fleisch- und Fischgerichte, in Kartoffelsuppe, für Wild und Wildfüllungen, getrocknete Blätter und Blüten als Tee.

Spezialrezept: Fischschüssel (S. 156).

Salbei ist als Würzmittel so beliebt, dass er auch als Gartenform kultiviert wurde. Die wilde Art ist kalkliebend und kommt bei entsprechendem Boden auf Wiesen und Feldern häufig vor. Die Blüten sind mit ihrem leuchtenden Blau so schön, dass sie auch als Strauss Freude machen.

Heilwirkungen: Der frische Pressaft aus den Blättern festigt das Zahnfleisch. Er ist auch als Zusatz zu Bädern und Kräuterpackungen geeignet wegen seiner bakterientötenden Wirkung.

Der Tee von getrockneten Blättern und Blüten wird als Spül- und Gurgelmittel bei Zahnfleisch- und Halsentzündungen empfohlen und macht den Atem frisch.

Eigene Notizen:

Wiesensalbei

30–60 cm hohe, borstig behaarte, oben drüsigklebrige Halbrosettenstaude.

Standort: Bergwiesen, Trockenwiesen, Feldraine; meist auf Kalk, liebt lockeren, nährstoffreichen Boden.

Besonderheit: schwacher, aromatischer Geruch.

Stengel: in allen Teilen krautig, meist aufrecht, vierkantig, wenig beblättert.

Blätter: gekreuzt-wechselständig, vorwiegend grundständig, Grundblätter kurzgestielt, eiförmig bis herzförmig-länglich, ungeteilt oder dreilappig, einfach bis doppelt gekerbt, die wenigen Stengelblätter schmaler und sitzend, runzelig.

Blüten: zu höchstens 10 quirlig in langen, blattlosen Scheinähren, Einzelblüten dunkelblau, selten weiss oder rosa, helmförmig, 2–2,5 cm lang, sehr viel länger als der glockige Kelch mit 5 spitzen, unbegrannten Zähnen. Blütezeit: Juni bis August.

BEEREN

Über die Beeren

Neben den Kräutern werden auch Beeren seit eh und je für die vielseitige Verwendung in der Küche und wegen ihrer vorzüglichen Eignung zur Winterbevorratung gesammelt. Und wir wollen sie pflücken, weil sie ausserdem noch gut schmecken. Wer einmal an einem heissen Sommertag eine erfrischende Beerenkaltschale gegessen oder im Winter ein den ganzen Körper erwärmendes Heissgetränk bereitet hat, wird die aromatischen Wildbeeren nicht mehr missen wollen. Unsere wohlschmeckenden Beerenrezepte im Kochteil werden den Gourmet entzücken und – gewissermassen als Nebeneffekt – manche Leiden und Beschwerden lindern.

Wogegen diese Wildfrüchte im einzelnen helfen und in welcher Form sie genossen werden müssen, ist im entsprechenden Beerensteckbrief angegeben.

Sie sollten sich auch vor der Wein- und Likörherstellung, die als so kompliziert in Erinnerung ist, nicht scheuen, denn der Aufwand ist im Gegensatz zu früher jetzt entschieden geringer. Liest man in alten Kochbüchern, dass die Gärgefässe noch in Wolldecken und Heu verpackt an einem der Zugluft nicht zugänglichen Ort aufbewahrt werden müssen, so genügt es heute, sie in den Heizungskeller, in die Nähe der gleichmässig temperierten Heizung oder an einen entsprechenden Ort zu stellen – uneingepackt! Durch selbstbereiteten Likör und Wein können Sie sich und Freunden etwas Besonderes bieten und zugleich gesund leben. Vielleicht bekommen Sie plötzlich, wie meine Grossmutter, «grässliches Magendrücken», weil dagegen der hausgemachte wohlschmeckende Kakao-Nuss-Likör, 3 × täglich ein Esslöffel voll eingenommen, so wunderbar hilft?

Das ABC des Sammelns

Wann?

Beerenzeit ist im Spätsommer und Herbst. Die Monate der optimalen Beerenreife sind im jeweiligen Steckbrief angegeben, und die Früchte sollten auch wirklich nur ausgereift gesammelt werden, da sie sonst wie jedes andere unreife Obst schädlich sind. Ausserdem entfalten sie ihr Aroma und ihre Heilwirkung nur zur Zeit des höchsten Reifezustandes.

Wo?

Wie andere Wildfrüchte und Wildkräuter sollten auch Beeren an sauberen Orten gepflückt werden, wo sie nicht Abgasen oder Industrieablagerungen ausgesetzt sind. Da manche Beeren üblicherweise vor der Verarbeitung wegen ihrer Empfindlichkeit oder eines Verlustes an Saft und Aroma nicht gewaschen werden, empfiehlt es sich, sie nach einem reinigenden Regen zu sammeln.

Wenn Sie bestimmte Beeren suchen wollen, sollten Sie vorher im entsprechenden Steckbrief nachlesen, welche Ansprüche diese an die Bodenbeschaffenheit und an den Standort stellen. So werden Sie zum Beispiel den Schlehdorn nur auf Kalk finden, Blaubeeren nur auf sauren Böden usw. Eine Liste für die typischen Pflanzen einer bestimmten Bodenart finden Sie auf S. 122.

Wie?

Zunächst ein paar Beeren vom Strauch direkt in den Mund, weil sie doch so gut schmekken!

Zum Sammeln benötigen Sie einen zweckmässigen Behälter mit Henkel, zum Beispiel eine Milchkanne oder einen kleinen Eimer, damit Sie ihn während des Pflückens am Arm tragen oder an den Gürtel oder einen stärkeren Zweig hängen können, um beide Hände zum Ernten frei zu haben. In diesem Gefäss geht der Saft nicht verloren, auch wenn die Früchte gedrückt werden. Empfindliche Beeren, wie beispielsweise die Himbeeren, werden gleich vom Stiel oder Fruchtboden abgezupft und zu Hause vor der Verarbeitung nicht gewaschen. Andere Beeren (z.B. Brombeeren, Erdbeeren), die staubig sind, werden mit Stiel oder Fruchtboden gesammelt, damit beim späteren Waschen kein Saft verlorengeht.

Das Pflücken mancher Beeren lässt sich durch Hilfsmittel erleichtern; so werden zum Beispiel Sanddornbeeren zweckmässigerweise mit der Schere abgeschnitten und Heidelbeeren in einigen Gegenden geraffelt (siehe Steckbrief).

...und dann zu Hause

Beeren, die für den Rohgenuss bestimmt sind, sollten möglichst bald gegessen werden, damit kein Vitamin- und Aromaverlust eintritt. Auch Waschen verwässert den Geschmack. Wer's nicht glaubt, probiere einmal eine Walderdbeere, die ungewaschen ein viel feurigeres Aroma hat.

Staubige Beeren schnell und gründlich in viel Wasser waschen und auf einem Durchschlag abtropfen lassen. Bis zur baldigen Weiterverarbeitung werden die Beeren im Kühlschrank aufbewahrt, da sie sonst leicht in Gärung übergehen oder sich Schimmel auf ihnen bildet.

Beeren, die wegen ihrer Heilwirkung, als Vitaminspender oder als Gewürz haltbar gemacht werden sollen, werden zum Trocknen in dünner Schicht auf Papier an einem schattigen warmen Ort oder in Ofennähe ausgebreitet. Für die Aufbewahrung füllen Sie die getrockneten Früchte in ein luftdicht verschliessbares Schraubglas. Die Trockenbeeren sollten innerhalb eines Jahres verbraucht werden, da sie sonst an Wirksamkeit verlieren.

Beerenrezepte, Likörherstellung und alles über die Haltbarmachung finden Sie im Rezeptteil ab Seite 175.

Und zum Schluss noch eine wichtige Regel für den ungetrübten Beerengenuss:

Pflücken Sie keine unbekannten und verarbeiten Sie keine unerkennbaren Beeren!

Denn beispielsweise können die giftige Efeubeere und andere Giftbeeren ohne Stiel durchaus wie Heidelbeeren oder Rauschbeeren aussehen, die Preiselbeere kann mit der unbekömmlichen Bärentraube und den Früchten von Zierpflanzen und -sträuchern verwechselt werden.

Brombeere

Rubus fruticosus · Rosengewächse

Weitere Bezeichnungen: Brambeere, Bramel, Brombesing, Bromedorn, Braunbeere, Frombeere, Hirschbollen, Kratzbeere, Moren, Nurr, Rahmbeere.

Verwechslungsmöglichkeit: Es gibt ungefähr 60 Arten von Brombeeren, die alle ungefähr gleich im Geschmack und in der Heilwirkung sind.

Verwendete Teile: die Früchte und die Blätter.

Verwertung: die Früchte roh als Kompott, Tortenbelag, im Rumtopf, zur Wein- und Likörherstellung, gekocht zu Saft, Gelee, Marmelade, Rote Grütze, Fruchtsuppe, Sauce, die Blätter als Tee.

Spezialrezept: Brombeermarmelade mit Schuss (S. 181).

Sehr empfehlenswert ist die Verarbeitung von Brombeerblättern gemischt mit Himbeerblättern zu einem fermentierten Tee, der sehr gut schmeckt. Er wirkt allerdings etwas stopfend, so dass gegebenenfalls der Anteil an Brombeerblättern vermindert werden sollte.

Heilwirkungen: Der Tee von getrockneten Brombeerblättern wirkt schleimlösend und blutreinigend und ist ein völlig harmloses Mittel gegen Durchfall. Äusserlich wird der Tee als Augenwasser und zum Gurgeln bei Entzündungen im Mund- und Rachenraum angewandt.

Brombeersaft und -sirup werden bei fieberhaften Erkrankungen empfohlen, da sie schweisstreibend wirken.

Eigene Notizen:

Brombeere

Strauch, bis 1,5 m hoch, mit mehr oder weniger aufrechten oder überhängenden, stumpfkantigen, stark bestachelten Ruten, Stacheln zurückgebogen, am Grunde zusammengedrückt.

Standort: Waldränder, Lichtungen, Gebüsche.

Blätter: wechselständig, unpaarig gefiedert, mit meist 5 Fiederblättchen, diese eiförmig, zugespitzt, gezähnt, oberseits dunkelgrün, unterseits heller, bleibend weich behaart, Blattstiel und Mittelnerven stachelig, Nebenblätter am Grunde mit dem Stiel verbunden.

Blüten: in lockeren Doldentrauben, fünfblättrig, weiss bis rosa. Blütezeit: Juni bis Juli.

Früchte: schwarzrote, glänzende Sammelfrüchte aus einzelnen Steinbeeren, Geschmack: säuerlich-aromatisch. Reifezeit: August bis Oktober.

Hagebutten, Heckenrose

Rosa canina · Rosengewächse

Weitere Bezeichnungen: Buttelrose, Dornröschen, Hagebuttenstrauch, Hagrose, Hainbutten, Heideröslein, Hiefen, Hundsdorn, Hundsrose, Judendorn, Rosendorn, Schlafdorn, Wipken.

Verwechslungsmöglichkeit: mit anderen, ebenfalls essbaren Hagebutten.

Verwendete Teile: die Früchte und die Blütenblätter.

Verwertung: gekochte Hagebutten als Marmelade, Fruchtsuppe, Kompott, zur Likör- und Weinherstellung, getrocknete Früchte und Blütenblätter als Tee.

Spezialrezept: Hutzelbrot (S. 191).

An dieser Stelle das Originalrezept aus einem alten Kochbuch, das wir jedoch nicht ausprobieren konnten, da wir mit dem Stand von Hirschhorn Schwierigkeiten hatten.

«Gelee von Rosen: Von den schönsten Rosenblättern, welche zu bekommen sind, koche man in Wein, oder thue davon in eine Bouteille, giesse Wein darauf und lasse sie im Sonnenschein destilliren; alsdann nimmt man den Stand von 1 Pfund Hirschhorn, lässt ihn noch etwas einkochen, giebt dann 1 Quart weissen Wein, ½ Pfund Zucker, die abgeriebene Schale von 2 und den Saft von 4 Citronen dazu, klärt es – nachdem man auf einem zinnernen Teller die Probe gemacht hat, ob es stehe – mit dem Weissen von 6 Eiern, schüttet nach Belieben von der Rosenessenz dazu und lässt es recht klar in die Formen laufen.»

Hagebutten müssen vor dem Frost gesammelt werden, da sonst Risse in den Schalen entstehen, die Hagebutten teigig werden und der Sauerstoff in das Fruchtfleisch eindringen und das darin enthaltene Vitamin C zerstören kann.

Heilwirkungen: Tee von Hagebutten ist wassertreibend und wird bei entzündlichen Krankheitserscheinungen der Nieren und der Blase sowie bei Gicht und rheumatischen Beschwerden angewandt. Hagebuttentee, heiss oder kalt getrunken, ist ein schmackhaftes, erfrischendes, vitaminreiches Getränk. Die Inhaltsstoffe entfalten sich erst, wenn die Früchte 10 bis 15 Minuten leise kochen. Der Tee von Fruchtkernen, der sogenannte «Kernlestee», kann als Haustee getrunken werden und wirkt harntreibend und leicht abführend.

Eigene Notizen:

Heckenrose

Aufrechter Strauch, bis 3 m hoch, mit bogig überhängenden, reich bestachelten Zweigen, Stacheln meist schlank, gekrümmt, am Grunde nicht auffällig verdickt.

Standort: Hecken, Wege, Waldränder, Gebüsche, Lichtungen, Laubwälder; liebt lockeren Boden.

Blätter: wechselständig, Blattstiele kahl, drüsig, bestachelt, Blätter unpaarig gefiedert, 5–7 Fiederblättchen, diese 2–4 cm lang, eiförmig, scharf gesägt, kahl.

Blüten: zu 1–3 endständig, fünfblättrig, blassrosa, selten weiss, etwa 5 cm im Durchmesser, duftend, äussere Kelchblätter fiederspaltig, Kelchzipfel nach dem Verblühen zurückgeschlagen. Blütezeit: Juni bis Juli.

Früchte: kugelige bis ovale, orange, später scharlachrote, kahle Scheinfrüchte, «Hagebutten», mit zahlreichen harten, weisslichgelben Nüsschen im Inneren, bis 2 cm lang, Kelchblätter bleiben lange an den Früchten, Geschmack: herb, süss-säuerlich. Reifezeit: September bis November. Vor dem ersten Frost ernten.

Hagebutten, Kartoffelrose

Rosa rugosa · Rosengewächse

Weitere Bezeichnung: Nordische Apfelrose.

Verwechslungsmöglichkeit: mit anderen, ebenfalls essbaren Hagebutten.

Verwendete Teile: die Früchte.

Verwertung: gekochte Hagebutten zu Marmelade, Fruchtsuppe, Kompott, zur Wein- und Likörherstellung, getrocknete Früchte als Tee.

Spezialrezept: Hagebutten-Chutney (S. 189).

Die Hagebutten zählen zu den Vitamin-C-reichsten heimischen Früchten und sollten deshalb wenigstens Mehrfruchtmarmeladen zugesetzt werden, wenn Ihnen der Eigengeschmack der Hagebutten – allein verarbeitet – nicht zusagt. Für diese wertvolle Frucht sind einige Spezialrezepte entworfen worden, die Sie einmal ausprobieren sollten.

Für Tee können ganze oder halbierte Früchte mit Kernen oder ohne getrocknet werden. Es ist sehr wichtig, dass der angesetzte Tee 10 bis 15 Minuten leise kocht, damit sich die Inhaltsstoffe voll entfalten können.

Eingekochte Hagebutten sollten an einem dunkeln Ort aufbewahrt werden, weil das darin enthaltene Vitamin C sehr lichtempfindlich ist und sonst zerstört würde.

Ausserdem müssen die Hagebutten vor dem Frost gesammelt werden, da sonst Risse in den Schalen entstehen, die Hagebutten teigig werden und der Sauerstoff in das Fruchtfleisch eindringen und das darin enthaltene Vitamin C zerstören kann.

Heilwirkungen: siehe Heckenrose (S. 66).

Eigene Notizen:

Kartoffelrose

Aufrechter, steifzweigiger Strauch, 1–2 m hoch, Zweige mit filzig behaarten Stacheln und Borsten besetzt.

Standort: auf sandigem Boden im Küstengebiet, in Flusstälern, angepflanzt.

Blätter: wechselständig, 10–15 cm lang, unpaarig gefiedert, 5–9 Fiederblättchen, diese eiförmig, gesägt, 2–5 cm breit, derb, oberseits runzelig, glänzend, kahl, dunkelgrün, unterseits bläulichgrün, netzaderig, behaart, Nebenblätter gross, stark verbreitert.

Blüten: einzeln oder zu mehreren, karminrot bis rosa, fünfblättrig, vorn ausgerandet, 6–8 cm im Durchmesser, mit einem bis mehreren Deckblättchen, Kelchblätter ganzrandig, bleibend. Blütezeit: Mai bis August.

Früchte: rote, abgeplattet kugelige, glatte, fleischige, 2–5 cm grosse Scheinfrüchte, «Hagebutten», mit zahlreichen Samen und Kelchresten, Geschmack: herb, süss-säuerlich. Reifezeit: September bis November. Die Hagebutten müssen vor dem ersten Frost gepflückt werden.

Heidelbeere

Vaccinium myrtillus · Heidekrautgewächse

Weitere Bezeichnungen: Bickbeere, Blaue Besinge, Blaubeere, Haselbeere, Heibeere, Herpel, Kranaugen, Kuhbeere, Mehlbeere, Moosbeere, Pickelbeere, Schwarzbeere, Waldbeere, Worbeln, Gadelbeere, Maubeere, Standlbeere.

Verwechslungsmöglichkeit: mit der ebenfalls essbaren Rauschbeere (Vaccinium uliginosum, S. 78), deren Beeren enthalten jedoch einen farblosen Saft.

Verwendete Teile: die Früchte und die Blätter.

Verwertung: die Früchte roh eingezuckert mit Milch oder Schlagsahne, als Milchmixgetränk, Quarkspeise, Tortenbelag, Eis, zur Weinherstellung, gekocht als Marmelade, Kompott, Heidelbeercreme, die Blätter als Tee.

Spezialrezept: Eierkuchen mit Heidelbeeren (S. 194). Unser Heidelbeer-Spezialtip: vom Heidelbeersaft blaugefärbte Zähne mit Zitronensaft abreiben, sie werden sofort wieder weiss.

Die Heidelbeere ist wohl die am liebsten und am meisten gesammelte Wildfrucht. Das Heidelbeerpflücken war früher in vielen Gegenden eine ergiebige, wenn auch mühevolle Erwerbsquelle. Zur Heidelbeerzeit zogen täglich ganze Familien mit Kind und Kegel aus, um die Beeren zu ernten. Ein alter Heidelbeerpflücker hat uns erzählt, dass 30 bis 50 Pfund Beeren pro Person gepflückt und oft über lange Strecken nach Hause getragen wurden. In seiner Jugendzeit erhielt man für ein Pfund Beeren 2½ Pfennige.

Die zahlreichen Rezepte zeigen, dass die Heidelbeeren vielseitig verwendbar sind.

Heilwirkungen: Die getrockneten Früchte, 10 bis 20 Stück gekaut, gelten als stopfendes Mittel bei leichtem Durchfall.

Rohsaft ist ein vorzügliches Spül- und Gurgelmittel bei Katarrhen der Luftwege. Einen Schluck des Saftes längere Zeit im Mund behalten wirkt heilend bei Zahnfleischentzündungen. Ausserdem erzeugt der Rohsaft, wenn regelmässig genossen, bei Rauchern einen Widerwillen gegen das Rauchen.

Heidelbeerblättertee hilft bei Harnröhrenkatarrh und Blasenschlaffheit. Gegen Haarausfall diesen Tee über einen längeren Zeitraum 3mal täglich in die Kopfhaut einmassieren.

Eigene Notizen:

Heidelbeere
Aufrechter, stark verzweigter, kahler Halbstrauch, bis 50 cm hoch, Zweige grün, scharfkantig.

Standort: lichte Wälder, Waldwiesen, Heiden, Moore; liebt sauren, lockeren Boden.

Blätter: wechselständig, kurzgestielt, länglich-eiförmig, zugespitzt, schwach gezähnt, fiedernervig, hellgrün.

Blüten: einzeln blattachselständig, kurzgestielt, hängend, glockenförmig, mit 4–5 zurückgebogenen Zipfeln, hellgrün, rötlich überlaufen, Kelch undeutlich. Blütezeit: April bis Juni.

Früchte: schwarze, blaubereifte Beeren mit stark rotfärbendem Saft, Geschmack: säuerlich-süss. Reifezeit: Juli bis September.

Himbeere

Rubus idaeus · Rosengewächse

Weitere Bezeichnungen: Ambas, Haarbeere, Hendelbeere, Hintbeere, Hohlbeere, Katzenbeere, Mollbeere, Mutterbeere, Niedelbeere, Runtzelbeere, Waldbeere, Waldhexenschmier, Waldhimmelbreme.

Verwechslungsmöglichkeit: keine.

Verwendete Teile: die Früchte und die Blätter.

Verwertung: die Früchte roh als Tortenbelag, im Rumtopf, für Himbeeressig, roh oder gekocht für Saft, Marmelade, Kompott, Milchmix, Quarkspeise, Kaltschale, gekocht zu Sirup, Götterspeise, Rote Grütze, Fruchtsuppe, Eis, die Blätter als Tee.

Spezialrezept: Crêpes aux Framboises (S. 196).

Das liebliche Aroma der Himbeere macht sie zu einer unserer feinsten Wildfrüchte. Schon eine kleine Beigabe gibt Mehrfruchtmarmeladen oder Fruchtsäften einen hervorragenden Geschmack.

Himbeeren sollten gleich beim Pflücken vom Fruchtboden gezupft und später nicht gewaschen werden, damit kein Saftverlust eintritt.

Heilwirkungen: Himbeerblättertee wird bei Keuchhusten, gegen Hautausschläge und als mildes Abführmittel getrunken. Ausserdem wird er als Gurgelwasser angewandt.

Ein Aufguss aus getrockneten Beeren und Blättern wirkt schweisstreibend.

Pressaft aus frischen Früchten ist fiebersenkend, appetitanregend und verdauungsfördernd.

Gezuckerter Himbeeressig (S. 199) ist herzstärkend und ein vorzügliches Gurgelmittel bei Halsentzündungen.

Eigene Notizen:

Himbeere

Aufrechter Strauch, 1–2 m hoch, Schösslinge mit kurzen, nicht hakigen, feinen Stacheln, zuweilen auch stachellos.

Standort: lichte Stellen in Wäldern, Waldränder, Gebüsche; liebt nährstoffreiche, stickstoffhaltige Böden.

Blätter: wechselständig, unpaarig gefiedert, 3–7 Fiederblättchen, diese eiförmig, zugespitzt, ungleich gezähnt, oberseits runzelig, hellgrün, unterseits dicht weissfilzig, seitliche Fiederblättchen sitzend, Endblättchen kurzgestielt, Nebenblätter am Grunde mit dem Blattstiel verbunden.

Blüten: in nickender, wenigblütiger Rispe, fünfblättrig, weiss. Blütezeit: Mai bis Juli.

Früchte: rote, samtartige Sammelfrüchte aus zahlreichen einzelnen Steinfrüchten, Geschmack: aromatisch süss. Reifezeit: Juni bis August.

Schwarzer Holunder

Sambucus nigra · Geissblattgewächse

Weitere Bezeichnungen: Alhorn, Eller, Flieder, Holder, Holler, Keilken, Kisseke, Zibke.

Verwechslungsmöglichkeit: zur Fruchtreife mit dem sehr ähnlich aussehenden Zwergholunder (Sambucus ebulus), dessen Beeren stark abführend wirken.

Verwendete Teile: die Früchte, die jungen Blätter und die Blüten.

Verwertung: die Früchte gekocht zu Saft, Mus, Marmelade, als Heissgetränk, Fruchtsuppe und zur Weinherstellung, die Blüten zu Suppe, zum Ausbacken in Teig und für Holundersekt, Blätter und Blüten für Tee.

Spezialrezept: Holunderblüten gebacken (S. 140).

Die Holunderbeeren müssen gekocht verarbeitet werden, da sie roh giftig sind und zu Erbrechen und Durchfall führen. Das sollte Sie aber nicht abschrecken, doch einmal eines unserer Holunderbeerrezepte auszuprobieren. Das eigenartige Aroma ist vielen sehr angenehm, und die Beeren des Schwarzen Holunders, auch «Fliederbeeren» genannt, gehören besonders in Norddeutschland zu den gern geernteten Wildfrüchten. «Heisse Fliederbeersuppe mit Klümp» (S. 140) ist *das* Gericht an kalten Tagen.

Heilwirkungen: Holunderblättertee ist ein wirksames Blutreinigungsmittel.

Holunderblütentee wirkt schweisstreibend und wird bei Husten, Keuchhusten, Bronchialkatarrh, Grippe, Asthma und überall dort angewandt, wo starkes Schwitzen erwünscht ist. Der Tee ist nicht nur heiss schweisstreibend, sondern auch lauwarm oder gar kalt. Einige Minuten im Munde behalten, dient Holunderblütentee zur Linderung von Zahnschmerzen.

Holundermus und Saft aus den Beeren wirken abführend. Eine Beerensaftkur, bei der man täglich zweimal 3 Esslöffel gekochten warmen oder kalten Saft zu sich nimmt, beschleunigt die Heilung von Neuralgien, Ischias und Hexenschuss.

Holunderwein regt den Appetit an und behebt Kreislaufstörungen. Als Glühwein ist er das beste Vorbeugungsmittel bei Erkältungen.

Eigene Notizen:

Schwarzer Holunder

Strauch oder Baum, 3–10 m hoch, Äste bogenförmig abwärts gekrümmt, junge Rinde hell, rissig, mit Korkwarzen, alte Rinde aschgrau, tief gefurcht, Holz hart, zäh, gelblich, Mark weisslich.

Standort: lichte Laub- und Mischwälder, Auwälder, sonnige Lichtungen, Wald- und Wegränder, angepflanzt; liebt humusreiche, stickstoffhaltige, feuchte Böden.

Blätter: gegenständig, bis 30 cm lang, unpaarig gefiedert, mit 3–7 Fiederblättchen, diese eiförmig, zuge-spitzt, gesägt, glanzlos, dunkelgrün, unterseits heller, leicht behaart, Nebenblätter warzenförmig.

Blüten: in endständigen, flachen, schirmförmigen, reichblütigen Doldenrispen mit meist 5 zerstreut behaarten Hauptstrahlen, Einzelblüten gelbweiss, 4- bis 5blättrig, mit gelben Staubbeuteln, stark duftend, Blütenstände anfangs aufrecht, später nickend. Blütezeit: Mai bis Juli.

Früchte: rotgestielte, schwarze, glänzende Steinfrüchte mit schwarzrotem Saft, roh giftig, Geschmack: herb süss-säuerlich. Reifezeit: August bis September.

Preiselbeere

Vaccinium vitis-idaea · Heidekrautgewächse

Weitere Bezeichnungen: Bickelbeere, Duttenbeere, Grandelbeere, Graubeere, Gichtbeinchen, Kadelbeere, Krestling, Speckbeere, Sauerbeere, Kronsbeere, Grante.

Verwechslungsmöglichkeit: die Früchte mit den schwach giftigen Beeren der Immergrünen Bärentraube (Arctostaphylos uva-ursi), deren Blättchen aber auf der Unterseite nicht braun punktiert sind.

Verwendete Teile: die Früchte und die Blätter.

Verwertung: die Früchte eingekocht als Beilage zu Wild, Geflügel und Rindfleisch, als Kompott zu Omelette, als Mehrfruchtmarmelade und Gelee, zur Likörherstellung, getrocknete Blätter und Beeren als Tee.

Spezialrezept: Bratapfel mit Preiselbeeren (S. 204).

Die Preiselbeeren reifen sehr ungleich heran und entfalten ihr Aroma erst, wenn sie vollreif, d.h. von allen Seiten leuchtend rot sind. Sie gelten seit jeher als natürliches Konservierungsmittel, da ihre Säure jede Schimmel- und Fäulnisbildung verhütet. Schon eine Beigabe von 50% Preiselbeeren zu anderen Früchten erfüllt diese Wirkung. Bekannt ist besonders das Zusammenkochen von Preiselbeeren mit Birnen und Äpfeln. In dieser emp-

fehlenswerten Zusammensetzung verliert sich die strenge Herbheit der Preiselbeere, und man gewinnt eine grössere Menge fertigen Kompotts von dieser wertvollen Frucht.

Heilwirkungen: Der Tee von Preiselbeerblättern, die nach der Fruchtreife gesammelt werden, hilft bei Gicht und Rheumatismus, bei Erkrankungen der Blase und bei Bettnässen.

Mit Zucker eingekochte frische Beeren sind ein vorzügliches Mittel gegen Durchfall. Das in Wasser aufgelöste Pulver von getrockneten Beeren ergibt ein durstlöschendes Getränk für Fieberkranke.

Preiselbeergeist (250 g Preiselbeeren in 1 l Kornbranntwein über 4 Wochen angesetzt und abgefiltert) wirkt belebend und hilft selbst bei schwersten Durchfällen.

Der frische Pressaft ist sehr Vitamin-C-reich und sollte zur Preiselbeerzeit in kleineren Mengen regelmässig als Vitaminspender getrunken werden.

Eigene Notizen:

Preiselbeere

Immergrüner, aufrechter Halbstrauch, bis 35 cm hoch, Stamm rundlich, spärlich verzweigt, mit rundlichen, jung schwach behaarten Zweigen.

Standort: Misch- und Nadelwälder, Hochmoore; liebt sauren, humushaltigen, feuchten Boden.

Blätter: wechselständig, verkehrt-eiförmig, mit stumpfer Spitze und eingerolltem, ganzem oder schwach gezähntem Rand, fiedernervig, lederartig glänzend, oberseits dunkelgrün, unterseits heller, braun punktiert.

Blüten: in endständigen, nickenden, dichten Trauben, Einzelblüte gestielt, glockig, 4zipfelig, weiss bis rosa, die Blütenkrone ist an der Spitze fein gezähnt. Blütezeit: Mai bis Juni.

Früchte: kugelige, rote Beeren mit Kelchrand, Geschmack: herb-süss. Reifezeit: Juli bis Oktober.

Rauschbeere

Vaccinium uliginosum · Heidekrautgewächse

Weitere Bezeichnungen: Trunkelbeere, Moorbeere, Lausbeere, Moosflacken, Nebelbeer, Schwindelberi, Sumpfheidelbeere, Tunkelbeere, Unsinnerle.

Verwechslungsmöglichkeit: mit der ebenfalls essbaren Heidelbeere; die Rauschbeeren enthalten einen farblosen Saft, die Heidelbeeren einen violetten.

Verwendete Teile: die Früchte.

Verwertung: Früchte gekocht zu Kompott, Mehrfruchtmarmelade, Saft, Rote Grütze, Fruchtsuppe.

Spezialrezept: Rauschetrunk (S. 205).

Die Rauschbeere kann mitten zwischen Heidelbeerbeständen vorkommen, ist dann aber an ihrem höheren Wuchs und an den blaugrünen Blättern leicht zu erkennen.

Die Beeren schmecken aromatisch sauer und sind roh schwach giftig, d. h. sie führen in grösseren Mengen roh genossen zu Kopfschmerzen oder zu «Rauschzuständen».

Die Rauschbeeren können wegen ihres Säuregehaltes bei der Saft- und Marmeladenherstellung dort verwendet werden, wo sonst Zitronensaft oder Stachelbeeren angezeigt sind und Säure erwünscht ist. Ausserdem mildern die Beeren als Einlage in Holunderbeersuppe den eigenartigen Holundergeschmack.

Heilwirkungen: Über besondere Inhaltstoffe und Heilwirkungen ist nichts bekannt.

Eigene Notizen:

Rauschbeere

Halbstrauch, bis 80 cm hoch, Zweige braun, rundlich, aufrecht, junge Zweige schwach behaart.

Standort: Moore und Bruchwälder in den deutschen Mittelgebirgen und in den Alpen; liebt feuchte bis nasse, saure Böden.

Blätter: wechselständig, fast sitzend, verkehrt-eiförmig, mit stumpfer Spitze, derb, bis 4 cm lang und 2 cm breit, stark netzaderig, blaugrün, unterseits blaubereift, nicht punktiert, Rand eingerollt, glatt.

Blüten: zu 1–4 in endständigen, hängenden Dolden, krugförmig, 4- bis 5zipfelig, weiss oder rötlich. Blütezeit: Mai bis Juli.

Früchte: schwarze, blaubereifte Beeren mit farblosem Saft. Reifezeit: August bis September.

Sanddorn

Hippophae rhamnoides · Ölweidengewächse

Weitere Bezeichnungen: Audorn, Dünendorn, Korallenbeere, Sandbeere, Seedorn, Weisseldorn, Stranddorn, Fasanenbeere, Fasambeere, Haffdorn, Rote Schlehen, Amritscherl.

Verwechslungsmöglichkeit: keine.

Verwendete Teile: die Früchte.

Verwertung: roh und gekocht zu Saft, Sirup, Marmelade, Fruchtsuppe, Mus, Milchmixgetränk, Cremespeise und Quarkspeise.

Spezialrezept: Quarktorte (S. 206).

Die Sanddornbeeren sind einer unserer reichsten Vitaminträger. In 10 g frischen Beeren ist der Tagesvitaminbedarf des Menschen enthalten. Ihre Verwertung im Haushalt hat sich jedoch trotz intensiver Empfehlung in Gesundheitsmagazinen und Zeitschriften noch immer nicht durchgesetzt. Schuld daran ist vielleicht, dass die Beeren sich so schlecht pflücken lassen und die Äste so stark bestachelt sind. Die reifen Früchte platzen leicht beim Pflücken, darum schneidet man sie am besten mit einer Schere ab und lässt sie in ein daruntergehaltenes Gefäss fallen.

Die Sanddornbeeren müssen vor dem ersten Frost gesammelt werden, weil sonst der Fruchtsäuregehalt zu stark ansteigt und der Geschmack sich dadurch erheblich verschlechtert.

Heilwirkungen: Sanddornbeeren – nach einem der oben genannten Vorschläge verarbeitet – wirken gegen Vitamin-C-Mangel, der sich durch Frühjahrsmüdigkeit, Appetitlosigkeit, Anfälligkeit für Katarrhe der Luftwege, Unlustgefühle, Mangel an Konzentrationsvermögen usw. bemerkbar macht.

Gerichte aus Sanddornbeeren müssen an einem dunklen Ort aufbewahrt werden, weil das darin enthaltene Vitamin C sehr lichtempfindlich ist.

Eigene Notizen:

Sanddorn

Strauch oder kleiner Baum, 1–8 m hoch, mit aufrechtem, sehr ästigem Stamm, Äste sparrig abstehend, meist stark dornig.

Standort: Dünen der Nord- und Ostsee, Ufer von Gebirgsflüssen, vereinzelt an Waldrändern, angepflanzt; kalkhold, liebt etwas feuchten und zum Teil salzhaltigen Boden.

Blätter: wechselständig, kurzgestielt, lineal, ganzrandig, stumpf oder zugespitzt, oberseits graugrün, kahl oder mit zerstreuten Schüppchen, unterseits silberweiss, mit undeutlichen Seitenadern; alte Blätter auch kupferfarbig, in der Form weidenähnlich.

Blüten: zweihäusig, in kurzen Ähren, unscheinbar, nur aus rostroten Kelchblättern bestehend, erscheinen meist vor den Blättern. Blütezeit: April bis Mai.

Früchte: kleine, länglich-runde, blassgelbe bis orange, meist einsamige Scheinbeeren, Geschmack: säuerlich aromatisch. Reifezeit: Juli bis Oktober. Vor dem ersten Frost sammeln.

Schlehdorn

Prunus spinosa · Rosengewächse

Weitere Bezeichnungen: Dornschleha, Effken, Hageldorn, Haferpflaume, Saudorn, Schlechberli, Schlehen, Schlingenstrauch, Schlinken, Schwarzdorn, Heckendorn, Spilling, Stechdorn, Spinelle.

Verwechslungsmöglichkeit: während der Beerenreife keine, wenn man beachtet, dass dieser Strauch lange, starke, spitze Dornen hat.

Verwendete Teile: die Früchte und die Blüten.

Verwertung: die Früchte gekocht zu Saft, Sirup, Marmelade, in Essig, zur Wein- und Likörherstellung, die Blüten als Tee.

Spezialrezept: Schlehensaft (S. 173).

Schlehensaft kann es im Aroma durchaus mit dem Saft von Kirschen aufnehmen. Sie sollten deshalb die kleine Mühe der besonderen Saftherstellung (S. 173) nicht scheuen.

Üblicherweise werden Schlehen erst nach dem ersten Frost gepflückt, da ihre Herbheit dann gemildert ist. Heute können Sie die Früchte auch in der Kühltruhe überfrosten.

Heilwirkungen: Schlehenblütentee wirkt blutreinigend und wird deshalb bei Hautausschlägen aller Art getrunken.

Getrocknete Früchte und Schlehenmus sind ein vorzügliches, völlig unschädliches Abführmittel und dienen, regelmässig eingenommen, zu ebenfalls wirksamen Blutreinigungskuren.

Schlehensaft wird bei Erkrankungen der Atmungsorgane empfohlen.

Eigene Notizen:

Schlehdorn

Strauch, 1–3 m hoch, mit schwärzlicher Rinde, sparrig verzweigt, meist stark dornig, Zweige anfangs filzig behaart.

Standort: Hecken, Wald- und Wegränder; liebt steinigen, flachgründigen, kalkhaltigen Boden.

Blätter: wechselständig, kurzgestielt, elliptisch, 4–5 cm lang, 1–2 cm breit, scharf gesägt, fiedernervig mit 6 Paar stärkeren Seitennerven, jung eingerollt, flaumhaarig, später flach und kahl.

Blüten: einzeln oder in Büscheln, fünfblättrig, etwa 6 mm im Durchmesser, weiss, erscheinen meist vor den Blättern. Blütezeit: April bis Mai.

Früchte: schwarzblaue, bereifte, kirschgrosse Steinfrüchte, Geschmack: herb-sauer, zusammenziehend. Reifezeit: September bis November. Die Schlehen sind erst nach Durchfrieren weniger herb.

Wacholder

Juniperus communis · Zypressengewächse

Weitere Bezeichnungen: Feuerbaum, Jachelbeerbaum, Krametbaum, Kranawitten, Queckholder, Machandel, Kaddig, Wachulder, Wachtelbeerstrauch, Weihrauchbaum.

Verwechslungsmöglichkeit: mit dem giftigen Sadebaum (Juniperus sabina), der aber keine stechenden Nadeln hat.

Verwendete Teile: die Früchte und die jungen Triebe.

Verwertung: die Früchte als Würzmittel, in Beizen zum Einlegen von Fleisch und Fisch, zur Schnaps- und Likörherstellung, frische Triebe für «Tannenwipferl-Sirup» (S. 142), Beeren und Triebe als Tee.

Spezialrezept: Pikante Apfelringe (S. 209).

Die reifen, blauschwarzen Wacholderbeeren werden einzeln abgezupft, oder Sie breiten unter dem Strauch ein grosses Tuch aus und schütteln oder streifen die Beeren von den Zweigen.

Heilwirkungen: Wacholderbeerentee hilft bei Magen- und Darmstörungen, Sodbrennen, Migräne, Wassersucht, Gicht und Rheuma.

Durch Auskochen und Eindicken von zerdrückten Wacholderbeeren erhält man das Wacholdermus, das blutreinigend und wassertreibend wirkt.

Wacholderbeerensirup hilft bei Appetitlosigkeit und Lungenschwäche. Um ihn zu gewinnen, werden 100 g Beeren mit 400 ccm Wasser weichgekocht, abgeseiht und mit Zucker bis zu Sirupdicke eingekocht. Von dem Mus und dem Sirup wird 2mal täglich ein Esslöffel voll in Tee, Milch oder Wasser gelöst eingenommen.

Bekannt ist die Kneippsche Kur gegen Rheumatismus: am ersten Tag 5 getrocknete Beeren gut zerkaut essen, jeden weiteren Tag eine Beere mehr, bis auf 15 Beeren ansteigend, dann wieder jeden Tag um jeweils eine Beere verringern bis zu 5 Beeren. (Wer allerdings schon einmal ein paar Wacholderbeeren gekaut hat, wird sich hüten, Rheuma zu bekommen. Sie schmecken sehr scharf und unangenehm.)

Bei der Anwendung von Wacholderbeeren ist zu beachten, dass grössere Mengen, über einen längeren Zeitraum eingenommen, zu Nierenreizungen und Nierenentzündungen führen können. Nierenkranke dürfen, mit Ausnahme von homöopathischen Präparaten, keine Wacholderbeeren zu sich nehmen.

Eigene Notizen:

Wacholder

Immergrüner, säulenförmiger, meist mehrstämmiger, stark verzweigter Strauch oder kleiner Baum, bis 15 m hoch.

Standort: Nadelwälder, Heiden, Weiden, angepflanzt; liebt trockenen, sandigen Boden.

Blätter: Nadeln, zu dritt in Quirlen, 5–20 mm lang, 1–2 mm breit, lineal, stechend, hart, oberseits meist graugrün, mit bläulichweisser Mittellinie, unterseits stumpf gekielt.

Blüten: zweihäusig, unscheinbar, männliche gelblich, blattachselständig, weibliche grünlich, auf kurzen Trieben. Blütezeit: April bis Juni.

Früchte: rundliche, 5–8 mm grosse Scheinbeeren, die im ersten Jahr grün, im folgenden Herbst schwarz und blaubereift sind, Geschmack: kräftig aromatisch, süsslich-bitter. Reifezeit: September bis Oktober.

Walderdbeere

Fragaria vesca · Rosengewächse

Weitere Bezeichnungen: Besingkraut, Rote Besinge, Darmkraut, Erbel, Ebern, Flohbeere, Hafelsbeer, Rotbeer, Waldbeere.

Verwechslungsmöglichkeit: die Pflanze zur Blütezeit mit dem sehr ähnlichen Erdbeerfingerkraut (Potentilla sterilis), die reifen Früchte mit der Knackelbeere (Fragaria sterilis), die jedoch etwas kleiner ist und fade schmeckt.

Verwendete Teile: die Früchte und die Blätter.

Verwertung: rohe Früchte für Bowle, rohe oder gekochte Früchte für Torten, Saft, Marmelade, Quarkspeise, Eis, Milchmixgetränk, Rote Grütze, Kompott, zur Weinherstellung, Blätter für Haustee.

Spezialrezept: Erdbeer-Gefrorenes (S. 188).

Die ziemlich mühsam zu sammelnden Walderdbeeren sollten Sie wegen ihres köstlichen Aromas nur für besonders feine Rezepte verarbeiten, und zwar möglichst roh, beispielsweise als Tortenbelag oder als Aromaspender für eine Bowle zur Krönung eines schönen Sommerabends.

Die getrockneten Blätter der Walderdbeere können als Ersatz für chinesischen Tee verwendet werden.

Heilwirkungen: Der Tee aus getrockneten Blättern wirkt harntreibend und blutreinigend. Die getrockneten Blätter sind auch Bestandteil des sogenannten Haustees.

Der reichliche Genuss von frischen Früchten soll, so der grosse Naturforscher Linné, selbst schwere Gichtanfälle mildern. Diese Erdbeerkur kann auch zusätzlich zu medikamentöser Behandlung bei Nierenerkrankungen angewandt werden.

Frischgepresster Erdbeersaft wird als erfrischendes Getränk für Fieberkranke empfohlen.

Eigene Notizen:

Walderdbeere

8–15 cm hohe Staude mit langen, wurzelnden, oberirdischen Ausläufern.

Standort: Waldränder, Waldwege, Lichtungen, sonnige Hänge; liebt etwas feuchten Boden.

Blätter: wechselständig, unpaarig gefiedert, die drei Fiederblättchen kürzer als 6 cm, gezähnt, oberseits glänzend grün, unterseits heller, anliegend seidig behaart, die seitlichen Blättchen sitzend, das mittlere kurzgestielt.

Blüten: auf anliegend behaarten Blütenstielen, 5 weisse Blütenblätter, nicht ausgerandet, sich berührend, 12–15 mm im Durchmesser. Blütezeit: Mai bis Juli.

Früchte: rote, fleischige Sammelfrüchte, «Erdbeeren», mit zurückgeschlagenem Kelch, Geschmack: aromatisch süss. Reifezeit: Juni bis August.

Verschiedene Beeren

Ausser den ausführlich beschriebenen Beeren gibt es für Notzeiten als Vitaminspender noch einige andere geniessbare Beeren, die aber entweder gebietsweise selten sind oder nicht zu den Schlemmereien zählen, da sie herb bis bitter schmecken. Der Vollständigkeit halber werden sie kurz vorgestellt:

Moosbeere (Vaccinium oxycoccus): sauer aromatisch, in Mooren, besonders Hochmooren.

Wilde Stachelbeere (Ribes uvacrispa): sauer, in Wäldern und Gebüschen (ohne Foto).

Krähenbeere (Empetrum nigrum): säuerlich, in Heiden und Dünen (ohne Foto).

Steinbeere (Rubus saxatilis): fade, in lichten Wäldern auf Kalk.

Kornelkirsche (Cornus mas): sauer aromatisch, kaum wildwachsend.

Echte Mispel (Mespilus germanica): säuerlich, in Wäldern und Gebüschen, selten.

Spätblühende Traubenkirsche (Prunus serotina): herb-süsslich, Rheinauenwälder.

Berberitze (Berberis vulgaris): sehr sauer, an Waldrändern und in Gebüschen, meist auf Kalk.

Vogelbeere (Sorbus aucuparia): sehr herb bis bitter; die veredelte, angepflanzte Art (var. edulis) ist angenehm säuerlich. Likör aus Vogelbeeren (Ebereschen) S. 182.

Weissdorn (Crataegus monogyna): herbbitterlich, in Hecken und Gebüschen.

Gemeine Felsenbirne (Amelanchier ovalis): süss, in Wäldern und trockenen Gebüschen, selten.

Speierling (Sorbus domestica): säuerlich, in Wäldern und Weinbergen, kalkliebend, selten (ohne Foto).

Roter Holler (Sambucus racemosa): wenig aromatisch, Kerne giftig, in Laubwäldern, auf Lichtungen.

Vogelkirsche (Prunus avium): sehr süss, an sonnigen Abhängen, in Lichtungen.

Mehlbeere (Sorbus aria): fade, Wälder mit kalkhaltigen, steinigen Böden, bis zur Vegetationsgrenze.

Moosbeere

Steinbeere

Kornelkirsche

Echte Mispel

Spätblühende Traubenkirsche

Berberitze

Vogelbeere

Weissdorn

Gemeine Felsenbirne

Roter Holler

Vogelkirsche

Mehlbeere

NÜSSE

Über die Nüsse

Über Nüsse lässt sich gar nicht viel sagen. Jeder kennt sie, und es gibt keine ähnlichen giftigen Früchte.

Nüsse werden meist nur als Knabberei in der Weihnachtszeit, im beliebten Studentenfutter oder für feine Backwaren verwendet. Da diese Früchte sehr kalorienreich sind, können sie aus einem Müsli schon ein sättigendes Hauptgericht machen (siehe Frühstücksmüsli, S. 176).

Dank ihrem Vitamin-E-Gehalt sind die Nüsse ein unersetzbares Nahrungsmittel und sollten häufiger gegessen werden. Weitere heilwirksame Inhaltsstoffe in Nusskernen sind kaum bekannt, wohl aber in den Blättern und den grünen Hüllenschalen der Walnuss. Ihre Heilwirkungen sind im Walnusssteckbrief ausführlich beschrieben.

Um Sie für das zu kurz geratene Vorwort zu entschädigen, haben wir einige ganz besonders köstliche und teilweise recht unbekannte Nussrezepte in unser Buch aufgenommen. Sie finden Sie im Rezeptteil ab Seite 213.

Das ABC des Sammelns

Wann?

Die Nüsse und Maronen werden im Spätherbst geerntet. Sie fallen bei der Reife meistens von selbst vom Baum oder Strauch, und die Hüllen der Walnuss und der Marone platzen auf.

Wo?

Die Standorte des Walnuss- und Maronenbaumes und des Haselstrauches sind im jeweiligen Steckbrief angegeben.

Maronen kommen wildwachsend nur in den wärmeren Gegenden Deutschlands vor.

Wie?

Beim Sammeln von Nüssen und Maronen ist nicht viel zu beachten. Aber Vorsicht beim Aufbrechen von Walnussschalen, sie färben die Finger stark und nachhaltig braun!

... und dann zu Hause

Die Nüsse werden zum Nachreifen trocken gelagert. Tips und Rezepte für schmackhafte Maronenspeisen und für die Weiterverarbeitung von Hasel- und Walnüssen finden Sie im Rezeptteil ab Seite 213.

Haselnuss

Corylus avellana · Haselnussgewächse

Weitere Bezeichnungen: Haselstrauch,   *Eigene Notizen:*
Wald-Haselnuss.

Verwechslungsmöglichkeit: keine.

Verwendete Teile: die Nüsse.

Verwertung: für Kuchen und Gebäck,
Nussbutter, Nusscreme, Pudding, Eis, Stu-
dentenfutter, Hutzelbrot, roh geraspelt im
Müsli.

Spezialrezept: Ursels Nusstorte (S. 213).

Bei der Verarbeitung von Nüssen sollten Sie
bedenken, dass diese sehr viele Kalorien enthalten. 100 g Haselnüsse zum Beispiel haben
694 Kalorien = 2905 Joule.

    Andererseits enthalten die Nüsse viele le-
bensnotwendige Bestandteile, wie beispielsweise Eiweiss, Fett, Kohlehydrate und die
Vitamine B_1 und E, und stellen somit ein
wertvolles Nahrungsmittel dar, das Sie des
öfteren in Ihren Speisezettel einplanen sollten.

Heilwirkungen: Ausser den angegebenen
Inhaltstoffen ist nichts über besondere Heilwirkungen bekannt.

Haselnuss

Baum, 3–6 m hoch, buschförmig wachsend, mit rötlichbrauner Rinde, Zweige grau, drüsig-rauhhaarig, Holz zäh, biegsam, Mark nicht gefärbt.

Standort: Laubwälder, Gebüsche, Hecken.

Blätter: zweizeilig-wechselständig, Blattstiel bis 1,5 cm lang, drüsig behaart, Blätter rundlich-herzförmig bis breit-eiförmig, plötzlich kurz zugespitzt, etwas gelappt, doppelt gesägt, beidseitig mehr oder weniger weichhaarig, unterseits blassgrün, fiedernervig, Nebenblätter eiförmig, häutig, abfallend.

Blüten: männliche Blüten in seitenständigen, 3–7 cm langen, hängenden Kätzchen, mit gelben Staubbeuteln, Deckschuppen kurz zugespitzt, weibliche Blüten in aufrechten, knospenähnlichen Blütenständen mit hervorragenden, roten, fadenförmigen Narben, die Blüten erscheinen vor den Blättern.
Blütezeit: Februar bis März.

Früchte: Nüsse, zu 1–4 gebüschelt, Fruchthüllen glockenförmig, etwa so lang wie die Nuss, weit offen, unregelmässig gesägt-gezähnt. Reifezeit: September bis November.

Walnuss

Juglans regia · Walnussgewächse

Weitere Bezeichnungen: Baumnuss, Christnuss, Steinnuss, Wallische Nuss, Königliche Walnuss, Welsche Nuss.

Verwechslungsmöglichkeit: keine.

Verwendete Teile: die grünen Nüsse, die reifen Früchte und die Blätter.

Verwertung: die grünen Nüsse für Likör und Magenschnaps, die reifen Nüsse für Gebäck aller Art, für Müsli, Sauce, Nusscreme und Hutzelbrot, die Blätter für Tee.

Spezialrezept: Heisse Walnuss-Sauce zu Vanilleeis (S. 217).

Heilwirkungen: Obwohl in jedem Haushalt in der Weihnachtszeit Walnüsse gegessen werden, weiss man kaum, dass sie auch Heilwirkungen besitzen.

Ein Magenlikör aus grünen Nüssen (S. 218) beseitigt unverzüglich Völlegefühl und Magendruck.

Tee aus frischen Blättern wirkt stärkend bei schwachen Nerven, Tee aus getrockneten Blättern hilft bei Durchfall und Gicht und ist Bestandteil von Blutreinigungstees.

Eine starke Abkochung von Walnussblättern wird äusserlich gegen Insektenstiche angewandt.

Die Abkochung eignet sich auch als Badezusatz und wird gegen Gicht und Fussschweiss empfohlen. Der Badezusatz für ein Vollbad wird aus einem Pfund getrockneter Blätter hergestellt, die in 1½ l Wasser ¾ Stunden gekocht haben. Für ein Fussbad wird eine entsprechend geringere Menge bereitet.

Eigene Notizen:

Walnuss
Baum, 10–30 m hoch, mit kräftiger, ausgebreiteter Krone, junge Zweige behaart, kahl werdend, Rinde schwarzgrau, tiefrissig, Holz hart, Mark quergefächert.

Standort: lichte Wälder, sonnige Hänge, angepflanzt.

Blätter: wechselständig, unpaarig gefiedert, mit 7–9 Fiederblättchen, diese eiförmig, zugespitzt, ganzrandig oder undeutlich gezähnt, unterseits achselbärtig, sonst kahl, Endblättchen gross, langgestielt, Blätter riechen zerrieben stark würzig.

Blüten: eingeschlechtig, grünlich, männliche in seitenständigen, vielblütigen, hängenden, walzenförmigen Kätzchen, weibliche zu wenigen traubig sitzend, aufrecht, erscheinen gleichzeitig mit den Blättern. Blütezeit: April bis Mai.

Früchte: zweiklappige, runzelige, braune Nüsse, umgeben von grüner, eiförmig-kugeliger, unregelmässig aufreissender Fruchthülle, deren Saft anhaltend braun färbt. Reifezeit: Oktober bis November.

Marone (Esskastanie)

Castanea sativa · Buchengewächse

Weitere Bezeichnungen: Echte Kastanie, Edelkastanie, Esskastanie, Maroni.

Verwechslungsmöglichkeit: mit der Rosskastanie (Aesculus hippocastanum), diese hat jedoch 5–7 zählig gefiederte Blätter, und die Fruchthüllen sind weichstachelig im Gegensatz zu den spitzstacheligen der Marone.

Verwendete Teile: die Früchte, die Blätter und die Schalen.

Verwertung: Früchte als Füllung für Geflügel, für Püree, Kompott, Eis und geröstet, Blätter und Schalen für Tee.

Spezialrezept: «Vermicelles» (S. 220).

Die Marone kommt wildwachsend häufiger in Süddeutschland vor (z.B. im Schwarzwald und in der Rheinebene). In Frankreich und Italien wird sie kultiviert und zu vielen Spezialrezepten verwertet, von denen Sie einige besondere im Rezeptteil finden.

In der deutschen Küche ist die Esskastanie nicht so bekannt, obwohl sie einem einfachen Gericht eine exklusive Note geben kann. Deshalb und weil die Maronen so reich an Eiweiss, Fett und Stärke sind, sollten Sie sie öfter einmal verarbeiten.

Heisse geröstete Maronen sind ein beliebtes Naschwerk – auch für Erwachsene. Man sollte sie frisch vom Röstofen essen. Ein Grund mehr, öfter einmal nach Paris zu fahren.

Heilwirkungen: Der Tee aus Maronenblättern ist ein krampfstillendes Mittel bei Keuchhusten. Die ganzen Maronen und die Abkochung der äusseren Maronenschalen helfen bei Durchfall.

Eigene Notizen:

Marone

Baum, 10–30 m hoch, im Alter mit eichenähnlicher Krone, Äste abstehend, alte Rinde dick, graubraun, längsrissig, Holz mittelhart.

Standort: Wälder in wärmeren Gegenden, angepflanzt.

Blätter: wechselständig, länglich-lanzettlich, grob buchtig gezähnt, bis 25 cm lang, die grannenartigen Zähne stets nach vorn gerichtet und etwas eingebogen, Blätter etwas lederartig, kahl, Blattränder schwach gewellt, oberseits sattgrün, glänzend, unterseits blassgrün, matt glänzend, Seitennerven in die Blattzähne verlaufend, Blattgrund breitkeilig bis abgerundet oder etwas herzförmig.

Blüten: gelbliche, duftende Kätzchen, männliche Blüten oben, weibliche unten am Blütenstand, männliche aufrecht, weibliche meist zu dritt in einer Hülle. Blütezeit: Juni bis Juli.

Früchte: «Maronen», zu 1–3 in der dicken, kugeligen, mit Stacheln besetzten Fruchthülle. Reifezeit: September bis Oktober.

PILZE

Über die Pilze

Pilze sind eine derartige Köstlichkeit und durch kein anderes Gemüse zu ersetzen, dass es sich schon lohnt, einige besonders schmackhafte Arten kennenzulernen. Unsere Auswahl zeigt einige häufig vorkommende und beim Sammler beliebte Speisepilze und einen kleinen unscheinbaren Würzpilz, den Knoblauchschwindling, nach dem fleissig Ausschau gehalten werden sollte, denn er wird jeden Knoblauchliebhaber in Verzückung versetzen.

Wenn Sie die folgenden Gebote zum Pilzesammeln beachten, vermeiden Sie jede Vergiftungsgefahr:

1. Essen Sie keinen Pilz, den Sie nicht mit Bestimmtheit als essbar erkennen. Die angeblich sicheren Methoden, giftige Pilze durch eine mitgekochte, schwarz verfärbende Zwiebel oder das Anlaufen eines hineingehaltenen Silberlöffels zu erkennen, sind Unsinn!

2. Vertrauen Sie keinem, der «viel von Pilzen versteht», sondern nur anerkannten Pilzberatern. Im Zweifelsfall legen Sie Ihre Pilze bei einer Pilzberatungsstelle vor, wo Sie kostenlos über die Geniessbarkeit beraten werden. Eine Liste aller Pilzberatungsstellen in der Bundesrepublik finden Sie in «Pilzsammlers Kochbuch». In der Schweiz gibt es in fast jedem Ort einen amtlichen Pilzprüfer.

Das ABC des Sammelns

Wann?

Pilzsaison ist im Spätsommer und Herbst, doch es gibt auch Winter- und Frühjahrspilze. Pilze wachsen bevorzugt nach einer Regenperiode. Wenn Sie in einen Wald hineingehen und darin überhaupt keine Pilze sehen, dann brauchen Sie dort gar nicht nach Speisepilzen zu suchen, weil dem Boden die nötige Feuchtigkeit fehlt und somit, zumindest in diesem Wald, keine Pilzzeit ist.

Wo?

Pilze können im Wald wachsen, auf Wiesen und in Parkanlagen und sogar im eigenen Garten. Der Standort ist im jeweiligen Pilzsteckbrief angegeben. Gerade bei Pilzen spielen die Begleitbäume und die Beschaffenheit des Bodens eine grosse Rolle; Sie sollten deshalb die Standortangaben genau beachten.

Wie?

Für die Pilzernte benötigen Sie einen Korb und ein Messer. Pilze, die Sie einwandfrei erkennen, werden mit dem Messer abgeschnitten. Dies schadet der im Boden liegenden Pilzpflanze – entgegen anderer Meinung – nicht. Der Pilz wird gleich an Ort und Stelle geputzt, Maden- und Schneckenfrassstellen werden ausgeschnitten.

Pilze, die zum Trocknen gedacht und deshalb ganz besonders sauber geputzt sind, werden getrennt von den übrigen im Korb aufbewahrt, damit sie nicht wieder verschmutzen. Sie sollen ja später nicht gewaschen werden.

Alte Pilze, die Sie am weichen Fleisch, am starken schwammigen Röhrenfutter unter dem Hut oder an faulenden oder vertrockneten Huträndern erkennen, bleiben im Wald, denn sie sind durch Eiweisszersetzung giftig geworden. Unentwickelte und noch nicht erkenntliche Jungpilze werden wegen der Verwechslungsgefahr mit Giftpilzen auch nicht gesammelt.

Unbekannte Pilze, die dem Pilzberater vorgelegt werden sollen, werden mit dem gesamten Stielgrund aus dem Boden gehoben. Teilweise unter der Erde liegende Erkennungsmerkmale wie zum Beispiel die Scheide des tödlich giftigen Grünen Knollenblätterpilzes könnten sonst fehlen.

Während des Heimtransportes müssen die Pilze möglichst kühl aufbewahrt werden.

Vor Plastiktüten als Sammelbehälter möchte ich eindringlich warnen, da die Pilze darin schwitzen und sich das Pilzeiweiss innerhalb kürzester Zeit zersetzt, so dass die Pilze giftig werden, ohne dass man es ihnen ansieht.

.... und dann zu Hause

Die Pilze, die getrocknet werden sollen, ungewaschen in Scheibchen schneiden und zum Trocknen an einem schattigen, warmen Ort oder in Ofennähe auf Papier ausbreiten. Für grössere Mengen empfiehlt sich das Trocknen auf einem hohlliegenden Drahtgitter, damit die Luft von allen Seiten Zugang hat. Die so vorbereiteten Pilze nicht über Nacht draussen lassen, da die zum Trocknen gelegten Pilzscheibchen die geringste Feuchtigkeit sofort wieder aufnehmen, wodurch sie leicht faulen und unbrauchbar werden. Die rascheltrockenen Pilzstücke werden in einem luftdicht verschliessbaren Schraubglas aufbewahrt. Sie können diese spröden getrockneten Pilzscheiben auch in einer Kaffeemühle zu Pilzpulver mahlen. Damit ist eine genaue Dosierung als Würze möglich.

Frische Pilze sollten möglichst am gleichen Tag verzehrt werden, um einen Aromaverlust zu vermeiden und eine Alterung auszuschliessen. Wollen Sie die Pilze dennoch erst am nächsten Tag verarbeiten, müssen sie ungewaschen luftig am kühlsten Ort (auf dem Balkon, im Keller) ausgebreitet werden. Kleinere Mengen können Sie auch im Kühlschrank aufbewahren.

Nicht alle Pilze können auf die gleiche Weise zubereitet werden, manche bedürfen eines Spezialrezeptes, das im jeweiligen Steckbrief angegeben ist. Allgemeine Pilzrezepte und die verschiedenen Möglichkeiten der Haltbarmachung finden Sie im Rezeptteil ab Seite 224.

Sammel-Kalender

Januar/Februar/März

An totem Laubholz   Austernseitling o. Abb.
An Weidenholz   Samtfussrübling o. Abb.
An Fichtenzapfen auf feuchtem Boden   Fichtenzapfenrübling o. Abb.

April/Mai/Juni

In Auwäldern   Speisemorchel
                                 Adriger Becherling

An totem Laubholz   Stockschwämmchen
Auf Wiesen   Schopftintling
In warmen Wäldern   Flockenstieliger Hexenröhrling

Juli/August/September

In Wäldern   Zigeuner
                                   Semmelstoppelpilz
                                   Frauentäubling
                                   Steinpilz
                                   Kuhröhrling
                                   Marone
                                   Butterpilz
                                   Pfifferling
An grasigen Stellen   Wiesen-Champignon
                                   Parasol
                                   Blutreizker
                                   Knoblauchschwindling
Unter Espen   Espenrotkappe
An totem Nadelholz   Hallimasch

Oktober

In Wäldern   Grünling
Auf Waldwiesen und in Wäldern   Violetter Ritterling

Blutreizker

Lactarius deterrimus

Weitere Bezeichnungen: Echter Reizker, Edelreizker, Fichtenreizker, Karottenmilchling, Rostling, Wacholderschwamm.

Verwechslungsmöglichkeit: mit ähnlichen essbaren Blutreizkern, äusserlich mit dem ungeniessbaren Birkenreizker (Lactarius torminosus), der jedoch weisse Milch absondert.

Verwendete Teile: der ganze Pilz.

Verwertung: fein aufgeschnittene Blutreizker in kleinen Mengen zu Pilzmischgemüse, als Einzelgericht scharf gebraten, ganze Hüte paniert gebraten, junge Pilze unzerteilt als Essigpilze.

Spezialrezept: Blutreizker scharf gebraten (S. 234).

Beim Speisepilzsammler heisst jeder Reizker, der eine rote «Milch» absondert, Blutreizker oder Edelreizker. Der Botaniker unterscheidet mehrere Unterarten je nach Standort des Pilzes und Umfärbung dieser Flüssigkeitsabsonderung. Alle Blutreizker haben einen eigenartig herben bis bitterlichen Geschmack. Nur durch die Spezialzubereitung wird aus diesem fast minderwertigen, aber häufigen Pilz noch eine echte Köstlichkeit. Schon wenige Blutreizker verfärben den Urin orange und haben manchen «eingebildeten Kranken» auf dem Gewissen.

Eigene Notizen:

Blutreizker

Vorkommen: August bis Oktober auf kalkhaltigem Boden und an kalkgeschotterten Wegen.

Hut: 6–12 cm breit, lebhaft orangerot bis gelbbraun, gezont, grünspanfleckig, jung gewölbt, bald in der Mitte niedergedrückt, zuletzt flach trichterig, festfleischig, Rand lange eingerollt.

Lamellen: angewachsen, leicht herablaufend, orangeocker, grün fleckend, breit, dichtstehend, untermischt.

Milch: karottenrot, sehr langsam beim Eintrocknen weinrot verfärbend (nach 10 Minuten etwas, nach 30 Minuten völlig umgefärbt), Geschmack mild.

Stiel: 3–4 cm lang und 1,5–2 cm dick, hutfarben, anfangs fein weissfilzig bereift, bisweilen grubig, innen weiss-wattig, später hohl.

Fleisch: sahnegelblich, fest, starr, später brüchig, Geruch süsslich-obstartig.

Wiesen-Champignon

Agaricus campester

Weitere Bezeichnungen: Feldegerling, Angerling, Brachschwamm, Feldchampignon, Erdgürtel, Lohtäuberl.

Verwechslungsmöglichkeit: mit anderen essbaren weissen Champignons, mit dem äusserlich sehr ähnlichen, leicht giftigen Karbolchampignon (Agaricus xanthoderma), der einen auffälligen Geruch nach «Krankenhaus» hat, oder mit den tödlich giftigen weissfarbigen Knollenblätterpilzen (Kegeliger Knollenblätterpilz und weisse Form des Grünen Knollenblätterpilzes), deren Lamellen jedoch auch im Alter weiss bleiben.

Verwendete Teile: der ganze Pilz.

Verwertung: roh für Salat, gekocht zu Pilzmischgemüse, Einzelgerichten, Suppe, als Sauceneinlage, für Pilzkuchen, zu Essigpilzen, zum Einfrieren, Einwecken und Trocknen.

Spezialrezept: Rohsalat (S. 232).

Der Wiesenchampignon ist einer der ganz wenigen Pilze, die roh gegessen werden dürfen. Ausser dem Steinpilz (S. 116), dem Brätling und einigen Täublingen sind fast alle guten Speisepilze roh giftig. Der allgemein bekannte weisse Zuchtchampignon stammt nicht vom Wiesenchampignon ab und wird von diesem an Geschmack weit übertroffen. Trotzdem ist der Wildpilz so zart aromatisch, dass bei reinen Champignongerichten feine Würzmittel und Zutaten angebracht sind, so zum Beispiel Weisswein, Zitrone, Sahne oder Curry, Paprika, Knoblauch oder einfach gehackte frische Würzkräuter.

Eigene Notizen:

Wiesenchampignon

Vorkommen: Juli bis Oktober auf Wiesen und Weiden, bevorzugt dort, wo Pferde grasen.

Hut: 3–10 cm breit, weiss, bisweilen gelblich, mit angedrückten bräunlichen Schuppen oder glatt, kugelig, dann gewölbt, zuletzt verflacht, dickfleischig, Oberhaut abziehbar.

Lamellen: frei, jung rosa, später dunkel schokoladenbraun bis fast schwarz, breit, dichtstehend.

Stiel: 3–10 cm lang und 1–2 cm dick, weisslich, an der Basis bisweilen gelblich, seidig glatt, voll, Ring weisslich, vergänglich, schmal, unterseits etwas schuppig.

Fleisch: weiss, bei Anschnitt auch schwach rosa anlaufend, zart, Geruch angenehm nach frischem Holz, Geschmack mild-würzig.

Frauentäubling

Russula cyanoxantha

Weitere Bezeichnungen: Violett-grüner Täubling, Blautäuberl.

Verwechslungsmöglichkeit: mit anderen ähnlichen Täublingen, deshalb auf die elastischen Lamellen achten oder etwas Pilzfleisch probieren: milde Täublinge sind essbar.

Verwendete Teile: der ganze Pilz.

Verwertung: als Pilzgemüse, Einzel- oder Mischgericht, zu Pilzsuppe, Pilzsalat, Essigpilzen, zum Einwecken, Einfrieren und Trocknen.

Spezialrezept: Pilztorte mit Guss (S. 228).

Eigene Notizen:

Der Frauentäubling ist ein sehr schmackhafter Pilz mit zartem, aber knackigem Fleisch. Er ist zu allen besonders feinen Pilzrezepten geeignet und bereichert auch ein Mischpilzgericht mit seinem vorzüglichen Aroma. Der Standort unter Buchen und die elastischen Lamellen sind gute Erkennungsmerkmale für diesen Pilz, wenn auch seine Hutfarbe uns manchmal narrt. Lila bis olivgrün – auch beides gemischt auf dem gleichen Hut – ist seine normale Farbe, aber er kann auch in Gelb- und Brauntönen vorkommen oder ein hübsches Maigrün oder Stahlblau zeigen. Ich erkenne den Frauentäubling, gleich welche Farbe er hat, an einer fast immer vorhandenen kleinen trichterförmigen Vertiefung in der Hutmitte.

Frauentäubling

Vorkommen: Juli bis Oktober bei Buchen und Hainbuchen.

Hut: 4–15 cm breit, sehr variabel in der Farbe, meist dunkelviolett, violettblau, auch heller oder grauviolett oder mit grünlichen Tönen mehr oder weniger stark untermischt, sogar einfarbig grün bis gelblichocker, flach gewölbt, dann niedergedrückt, lange schmierig, feucht glänzend, kahl, Oberhaut zu einem Drittel abziehbar.

Lamellen: angewachsen bis etwas herablaufend, weisslich, meist dünn, mit vielen gabeligen, ausnahmsweise elastisch im Gegensatz zu den spröden Lamellen der übrigen Täublingsarten.

Stiel: 5–10 cm lang und 1,5–2,5 cm dick, weiss oder leicht violettlich, walzenförmig, nach unten ausspitzend, voll.

Fleisch: weiss, geruchlos, Geschmack mild, angenehm.

Knoblauchschwindling

Marasmius scorodonius

Weitere Bezeichnungen: Küchen-schwindling, Mousseron.

Verwechslungsmöglichkeit: mit dem Nadelschwindling (Micromphale perfor-mans), der auf Fichtennadeln wächst, und dem Grossen Knoblauchschwindling (Ma-rasmius prasiosmus), der auf Eichenblättern wächst.

Verwendete Teile: die Hüte.

Verwertung: frisch und getrocknet als Würzpilz zu Braten, Saucen, Suppen und Eintöpfen, für Würzessig und Würzöl.

Spezialrezept: Tante Mariechens Mousse-ronöl (S. 236).

Als man in der feinen Küche noch mit echten Gewürzen arbeitete, war der Knoblauch-schwindling der allerteuerste Pilz. Er wurde fast mit Gold aufgewogen. Der Kenner ging nach einem ausgiebigen Regen auf Suche nach ihm und verliess sich dabei auf seine Na-se. Der aromatische Knoblauchduft wies ihm dann die Plätze im Gras, wo er ernten konnte. Der Pilzhut selbst ist fast nur pfenniggross und würde sicherlich übersehen werden, wenn er sich nicht durch seinen Duft verraten würde. Am liebsten wächst der Pilz auf Gras-flächen, die durch starke Sonneneinwirkung zeitweise versengt sind und erst nach einem Niederschlag wieder auffrischen, zum Bei-spiel Bahndämme, Chausseegräben und überhaupt Hänge, die nach Süden abfallen.

Eigene Notizen:

Knoblauchschwindling

Vorkommen: Juni bis November an Grasresten und auf Nadelstreu.

Hut: 1–3 cm breit, fleischbraun, beige, bald ausblassend, gewölbt, bald wellig verbogen, runzelig, dünnfleischig.

Lamellen: verschmälert angewachsen, weisslich, eventuell mit rosa Schein, ziemlich entfernt, dick, am Grunde bisweilen aderig verbunden.

Stiel: bis 5 cm lang, dünn, dunkelrotbraun bis schwarzbraun, Spitze heller, erweitert, ganz kahl, glänzend, hornartig, zäh.

Fleisch: blass, zäh, Geruch stark nach Knoblauch.

Parasol

Macrolepiota procera

Weitere Bezeichnungen: Riesenschirmling, Grosser Schirmling, Riesenschirmpilz.

Verwechsungsmöglichkeit: mit dem kleineren, ebenfalls essbaren Safranschirmling (Macrolepiota rhacodes), dessen Fleisch nach Anschnitt safran- bis karminrot anläuft, sowie mit dem kleineren ungeniessbaren Spitzschuppigen Schirmling (Lepiota acutesquamosa), der einen aufdringlichen, widerlichen Geruch hat.

Verwendete Teile: die Hüte.

Verwertung: ganz junge, geschlossene Hüte, sog. «Paukenschlegel», für Pilzmischgemüse, aufgeschirmte Hüte paniert gebraten, zum Trocknen.

Spezialrezept: Parasol im Mandelkleid (S. 234).

Falsch zubereitet, d. h. geschmort oder gedünstet, ist der Parasolpilz zähfleischig und fast ungeniessbar, nach dem Spezialrezept verarbeitet hingegen eine Delikatesse. Er verdient dann aufgrund seines Nussgeschmacks und seiner Zartfleischigkeit das Prädikat «hervorragender Speisepilz». Obwohl der Parasolpilz von Natur aus nicht haltbar gemacht werden kann – er eignet sich unbehandelt weder zum Einfrieren noch zum Einwecken – fand ein Pilzfreund die Lösung: er friert die panierten und fertig gebratenen Pilzhüte nach dem Auskühlen ein; sie sollen nach dem späteren Aufwärmen wie frisch schmecken. Wir können es bestätigen.

Eigene Notizen:

Parasol

Vorkommen: Juli bis November auf Waldwiesen, in lichten Wäldern.

Hut: 10 bis 25 cm breit, hellgrundig mit groben, bald sparrig abstehenden braunen Schuppen, Scheitel braun, glatt, anfangs kugelig bis eiförmig, zuletzt tellerförmig mit gebuckelter Mitte.

Lamellen: mit Collar angewachsen, weiss, später rosa, weich, bauchig, gedrängt.

Stiel: 15–30 cm lang und 2 cm dick, an der Basis bis 4 cm, cremefarben mit brauner Natterung, Ring doppelt, verschiebbar.

Fleisch: weiss, nicht verfärbend, im Hut zart, im Stiel holzig, zäh, Geruch angenehm, Geschmack nussartig.

Pfifferling
Cantharellus cibarius

Weitere Bezeichnungen: Recherl, Nagerl, Röllchen, Schweinsfüsserl, Geelchen, Gänserl, Eierschwamm, Rehling, Gänschen, Rilling, Gelbschwammerl, Zechling.

Verwechslungsmöglichkeit: mit der ebenfalls essbaren Abart mit lila Schüppchen auf dem Hut und mit dem essbaren Samtigen Pfifferling (Cantharellus frisii), mit dem essbaren, aber minderwertigen Falschen Pfifferling (Hygrophoropsis aurantiaca) oder mit dem leicht giftigen, im Süden vorkommenden Ölbaumtrichterling (Omphalotus olearius).

Verwendete Teile: der ganze Pilz.

Verwertung: zu Pilzgemüse, Einzel- und Mischgerichten, als Suppeneinlage, zu Pilzsalat, Pilzkuchen, zum Einwecken.

Spezialrezept: Pfifferlinge mit Rührei (S. 230).

Der Pfifferling ist wohl der Pilz für die Anfänger unter den Pilzsammlern, denn er ist leicht zu erkennen, und es gibt keinen giftigen Doppelgänger. Vom Pfifferling gibt es mehrere Abarten, die alle den gleichen Speisewert haben. Im Buchenwald wächst eine sehr grosse, fast weisse Form (var. pallidus) und im Nadelwald eine Abart mit kleinen violetten Schüppchen auf dem Hut (var. amethysteus).

Der Pfifferling ist der am schwersten verdauliche Pilz und sollte daher nicht in grossen Portionen verzehrt werden. Wegen seiner Würzkraft gibt er einem Pilzmischgericht, aber auch Saucen und Suppen eine besondere Note. Dieser Pilz eignet sich weder zum Trocknen noch zum Einfrieren und sollte nur durch Einwecken haltbar gemacht werden.

Eigene Notizen:

Pfifferling

Vorkommen: Juni bis November im Laub- und Nadelwald.

Hut: 3–10 cm breit, blassgelblich bis dottergelb, auch fast weiss (bei der Buchenwaldform), fleischig, Rand anfangs eingerollt, später wellig-buchtig.

Leisten: weit herablaufend, dottergelb, faltenförmig, gegabelt, meist aderig-netzig verbunden.

Stiel: 3–6 cm lang und 1–2 cm dick, hutfarben, nach unten verjüngt, oben allmählich in den Hut verbreitert.

Fleisch: weisslichgelb, fest, Geruch angenehm, schwach pfirsichartig, Geschmack langsam pfefferig scharf werdend.

Violetter Ritterling

Lepista nuda

Weitere Bezeichnungen: Nackter Ritterling, Violetter Rötelritterling.

Verwechslungsmöglichkeit: äusserlich mit violetten Haarschleierlingen, diese haben aber, wenn sie jung sind, eine schleierartige Teilhülle zwischen Hutrand und Stiel und dunkelrostbraunes Sporenpulver, während dieses beim Violetten Ritterling cremerosa gefärbt ist.

Verwendete Teile: der ganze Pilz.

Verwertung: als Pilzgemüse, Mischgericht, zu Pilzsuppe, Salat, Pilzkuchen, zum Einwecken, Einfrieren und Trocknen.

Spezialrezept: Eingelegte Pilze (S. 232).

Da der Violette Ritterling im Spätherbst überall vorkommt und als Massenpilz auftritt, sollten Sie ihn unbedingt kennenlernen und in der Küche verwerten. Er steht noch im Dezember im Wald und kann trotz Frost geerntet werden. Der Pilz ist stark wasseraufsaugend und gerade deshalb zu dem obigen Spezialgericht besonders geeignet, denn er nimmt die Würzlake sehr gut auf. Junge Violette Ritterlinge sind immer trocken und für Mischgerichte zu empfehlen. Ein Vorteil der späten Erscheinungszeit ab Oktober: die Pilze sind madenfrei, da die Fliegen zu dieser Zeit keine Eier mehr ablegen.

Heilwirkungen: Vom Violetten Ritterling (und auch vom Lilastieligen Ritterling) ist eine blutzuckersenkende Wirkung bekannt.

Eigene Notizen:

Violetter Ritterling

Vorkommen: September bis in den Spätherbst im Nadel-, seltener im Laubwald.

Hut: 5–15 cm breit, lebhaft violett oder bräunlich-lila, ausblassend, glockig gewölbt, dann flach oder vertieft, kahl, glatt, bisweilen stark durchfeuchtet, Rand anfangs fein weisszottig, dann kahl und nackt, scharf.

Lamellen: abgerundet angewachsen, violett, zuletzt lilabräunlich, fast gedrängt, untermischt.

Stiel: 5–7 (12) cm lang und 1,5–2,5 cm dick, violett, seltener weisslich verblasst, an der Spitze flockig aufgerauht, sonst glattfaserig oder gerillt, knorpelig berindet, keulig, an der Basis mit violettem oder lilabraunem Myzel.

Fleisch: gänzlich, später nur noch in der oberen Stielrinde violett, im Inneren blass und wässerig, zart, weich, Geruch und Geschmack parfümiert bis rettichartig.

Steinpilz

Boletus edulis

Weitere Bezeichnungen: Herrenpilz, Edelpilz, Steinkopf, Braunkopp, Dobernigel.

Verwechslungsmöglichkeit: mit dem ungeniessbaren, aber nicht giftigen Gallenröhrling (Tylopilus felleus), der ein rosa Röhrenpolster, ein schwarzes Netz auf dem Stiel und einen bitteren Geschmack hat und probiert werden darf.

Verwendete Teile: der ganze Pilz.

Verwertung: roh zu Salat, gekocht zu Pilzgemüse, Einzel- und Mischgerichten, zum Braten und Fritieren, zu Pilzsuppe, zum Einfrieren und Trocknen.

Spezialrezept: Gefüllte Steinpilzhütchen (S. 231).

Eigene Notizen:

Der Steinpilz ist der beliebteste Pilz und wohl auch deshalb begehrt, weil schon ein einziges dickfleischiges Exemplar davon eine Mahlzeit ergibt. Er ist aromatisch und zartfleischig, aber bei der Verwertung dieses Pilzes sollten Sie bedenken, dass er beim Kochen recht schleimig wird. Er ist daher für manche Rezepte nicht so gut geeignet, zum Beispiel für Pilzkuchen, Schwedenpilze oder zum Einwecken. Seine Besonderheit hingegen ist, dass er zu den ganz wenigen Pilzen gehört, die auch roh bekömmlich sind. Ein Rohpilzsalat daraus ist eine Delikatesse.

116

Steinpilz

Vorkommen: Juli bis Oktober im Laub- und Nadelwald.

Hut: bis 20 cm breit, hell- bis dunkelbraun, kugelig,
dann polsterförmig gewölbt, feinrunzelig, matt, bisweilen fast etwas schmierig, dickfleischig.

Röhren: oft um den Stiel eine Rinne bildend, weiss,
dann grünlichgelb, zuletzt olivgrün, leicht vom Hutfleisch zu lösen, Poren zunächst sehr klein, später
weiter, weiss, rundlich.

Stiel: 7–15 cm lang und 3–6 cm dick, weisslich bis
blassbraun, mit weisslicher Netzzeichnung im oberen
Teil.

Fleisch: weiss, jung fest, später schwammig.

Stockschwämmchen

Kuehneromyces mutabilis

Weitere Bezeichnungen: Stockschüppling, Laubholzschüppling, Lippertzgen.

Verwechslungsmöglichkeit: mit dem essbaren Graublättrigen Schwefelkopf (Hypholoma capnoides), dem ungeniessbaren Grünblättrigen Schwefelkopf (Hypholoma fasciculare), mit bitteren Flämmlingen und dem giftigen Nadelholzschüppling (Galerina marginata).

Verwendete Teile: die Pilzhüte und die Stiele.

Verwertung: nur die Hüte für Pilzgemüse, Mischgerichte, als Einlage in Saucen, Suppen und Eintöpfen, zum Einfrieren und Trocknen; die Stiele zum Trocknen als Würze.

Spezialrezept: Stockschwämmchensuppe mit Sauerrahm
(S. 226).

Dieser Pilz verbessert wegen seines sehr würzigen Geschmacks jedes Gericht, zu dem Pilzaroma passt, und würzt von Natur aus fade Pilzmischgerichte kräftig auf. Das Stockschwämmchen ist bekannt und beliebt und füllt trotz seiner Kleinheit schnell den Korb, weil es in dichten Büscheln die Baumstümpfe bewächst. Da man weiss, welche Wachstumsansprüche dieser Pilz stellt, gelang es, ihn zu züchten. Jeder kann sich Holzabschnitte mit der vorkultivierten käuflichen «Pilzbrut» beimpfen und im eigenen Garten jahrelang davon ernten.

Eigene Notizen:

Stockschwämmchen

Vorkommen: April bis Dezember, besonders an Stümpfen von Laubholz.

Hut: 3–6 cm, auch bis 10 cm breit, feucht wässrig zimtbraun, gelbbraun, trocken honigocker, gewölbt, dann ausgebreitet mit gebuckelter Mitte, glatt, kahl, hygrophan, Randzone lange feucht bleibend und dunkler.

Lamellen: breit angewachsen und etwas herablaufend, blass, dann ton- bis rostbraun, gedrängt, dünn.

Stiel: 5–8 cm lang und bis 0,8 cm dick, unter dem aufsteigenden Ring etwas sparrig-schuppig, dunkelrostbraun, oben blassbraun, kahl, gerieft, am Grunde büschelig verwachsen.

Fleisch: blass, weich, im Stiel rostbraun und zäh, Geruch würzig nach frisch gesägtem Holz, Geschmack mild.

Verschiedene Pilze

Es gibt noch viele weitere gute Pilze, von denen auf der gegenüberliegenden Seite die häufigsten und bekanntesten abgebildet sind. Alle sind Gemüsepilze, aber natürlich auch für Spezialrezepte geeignet. 100 Pilzrezepte enthält «Pilzsammlers Kochbuch», das ich für den leidenschaftlichen Pilzsammler gemacht habe (das mit der Goldmedaille).

Kuhröhrling (Suillus bovinus), mittelmässig, ziemlich häufig, beim Kochen weinrotlila verfärbend.

Flockenstieliger Hexenröhrling (Boletus erythropus), sehr gut, die Blauverfärbung des Fleisches geht beim Erhitzen weg.

Marone (Xerocomus badius), sehr gut, häufiger Pilz des Nadelwaldes, Druckstellen auf Röhren werden blaugrün.

Butterpilz (Suillus luteus), zartfleischig, die schmierige Huthaut wird abgezogen.

Espenrotkappe (Leccinum aurantiacum), sehr gut, festfleischig, wird beim Kochen dunkelgrau bis schwärzlich.

Zigeuner, Reifpilz (Rozites caperata), sehr gut, Massenpilz in sauren Fichtenwäldern.

Grünling (Tricholoma auratum), gut, Massenpilz im Spätherbst in Nadelwäldern.

Schopftintling: (Coprinus comatus), zartfleischig, oft massenhaft auf Wiesen, aber auch auf Brachland und Schuttplätzen.

Semmelstoppelpilz (Hydnum repandum), jung gut, besonders grosse Formen im Buchenwald, dort meist Massenpilz.

Hallimasch (Armillariella mellea), roh giftig, zubereitet schmackhaft und gut, büschelig an Laub- und Nadelholz.

Speisemorchel (Morchella esculenta), sehr gut, besonders auch zum Trocknen geeignet, erscheint im Frühjahr.

Aderiger Becherling (Disciotis venosa), sehr gut, erscheint zur gleichen Zeit und an denselben Plätzen wie die Morchel.

Kuhröhrling

Flockenstieliger Hexenröhrling

Marone

Butterpilz

Espenrotkappe

Zigeuner

Grünling

Schopftintling

Semmelstoppelpilz

Hallimasch

Speisemorchel

Aderiger Becherling

Pflanzen, die eine bestimmte Bodenbeschaffenheit anzeigen:

stickstoffhaltigen Boden
Brennessel (Urtica dioica)
Gänsefingerkraut (Potentilla anserina)
Guter Heinrich (Chenopodium bonus-henricus)
Ackerwinde (Convolvus arvensis)
Sonnenwendwolfsmilch (Euphorbia helioscopia)

kalkhaltigen Boden
Wiesensalbei (Salvia pratensis)
Schlehdorn (Prunus spinosa)
Mittlerer Wegerich (Plantago media)
Herbstzeitlose (Colchicum autumnale)
Wegwarte (Cichorium intybus)

sauren Boden
Heidelbeere (Vaccinium myrtillus)
Kleiner Sauerampfer (Rumex acetosella)
Zweiblättrige Schattenblume (Maianthemum bifolium)
Wald-Ehrenpreis (Veronica officinalis)

feuchten Boden
Schwarzer Holunder (Sambucus nigra)
Gemeiner Wasserdost (Eupatorium cannabium)
Bärenklau (Heracleum sphondylium)
Wiesenschaumkraut (Cardamine pratensis)

nassen Boden
Gemeiner Schneeball (Viburnum opulus)
Kohl-Kratzdistel (Cirsium oleraceum)
Wiesenknöterisch (Polygonum bistorta)
Blutweiderich (Lythrum salicaria)

Eigene Notizen

Wenn Sie dieses Buch zu Ihrem zuverlässigen und perfekten Helfer auf der Kräutersuche machen wollen, dann tragen Sie unter «Eigene Notizen» möglichst Ihre Fundorte ein und auch das Datum des Pflanzenfundes bzw. die Reifezeit der Beeren und Nüsse. Wir können nur die Mittelwerte angeben, die gebietsweise stark schwanken. Aber auch das Erscheinen der Pflanzen selbst kann sich von Jahr zu Jahr etwas verschieben, so dass Sie am besten ausser dem Datum noch notieren: ... «kam, als in unserem Garten die Forsythien abgeblüht waren.» Dann wissen Sie, wann Sie im nächsten Jahr suchen müssen. (Mein Geheimtip: Zu dieser Zeit kommen die begehrten Morcheln!)

2. TEIL Kochen · Rezepte

Wie Schlemmereien entstehen

KRÄUTERKÜCHE

Von den Pflanzen zur Kochkunst

Ich möchte Sie nun in meine Küche einladen, in der ständig etwas mit Kräutern, Beeren und Pilzen geschieht, wo ich meine schönsten Rezeptideen habe und verwirkliche. Ein bisschen eng wird's werden, denn wohin ich mich wende, begegnet mir mein täglich Gesammeltes: Da darf am warmen Plätzchen der Liköransatz gärend vor sich hinblubbern, der Essig seinen Stich kriegen, und am Fenster hängt der Gundermann neben anderen Kräutern zum Trocknen.

Bei so viel Vorrat an nützlichen Leckerbissen aus dem Walde kann der Winter oder auch der Rheumatismus kommen, mögen Grippe und Katarrhe grassieren, Hysterie, Mundgeruch oder Hungersnot ausbrechen, ich bin darauf vorbereitet. Und ab und zu darf ich sogar im Übermass essen, denn auch dafür habe ich mein Kräutlein zur Hand. Da dieses Grünzeug richtig zubereitet ausserdem gut schmeckt, wird es gerne auch ohne besonderen Anlass gegessen und getrunken. Einige Gerichte habe ich aus alten Kochbüchern oder aus den handgeschriebenen Rezeptsammlungen meiner Grossmutter und meiner Grosstante Mariechen Steinmetz übernommen, die eine besonders gute Köchin war.

Gerade mit dem Wildgemüse und den Früchten des Waldes hatte man früher sehr viel mehr Umgang und war notgedrungen einfallsreicher in der Verwendung, da man nicht die Riesenauswahl an importiertem Obst und Gemüse zu jeder Jahreszeit hatte. Die Überseeschiffe brachten höchstens den kostbaren Kaffee oder Tee und einige wertvolle Gewürze. Man ass also frisch, was die Saison bescherte, und kochte für den Winter Saft, Gelee und Marmeladen ein, verstand einen guten «Pudding» in der verschlossenen Blechform im Wasserbad zu kochen und ein feines Eis zu bereiten. Welch Wunder also, dass man auf eine Fülle von althergebrachten Rezepten zurückgreifen kann. Alle davon verwendeten habe ich nachgekocht. Ehe ich mich hindurchgefunden hatte, wieviel ein «Nösel» ist, eine «preussische Metze» oder ein «bayrischer Scheffel», hatte ich mit den Probegerichten manche Kalorie zuviel gegessen. Unsere Vorfahren wussten auch jedem Gericht durch ein spezielles Gewürz das i-Tüpfelchen aufzusetzen. Die Zutaten sind daher kaum zu verbessern, nur die Zubereitung kann durch moderne Methoden vereinfacht werden, und manchmal liess ich ein Dutzend Eier «unter den Tisch fallen».

Auch die Herren werden in meiner Küche auf ihre Kosten kommen, denn es gibt Schnäpse, die man 3mal täglich nehmen muss! Allein diese therapeutische Dosierung hat mir schon viel Sympathie eingebracht. Diese «Arznei» schmeckt und hilft.

Meine Rezepte sind ausnahmsweise nicht für 4 Personen gedacht. Da es sich meistens um Leckereien, Vor- oder Nachspeisen, Beilagen und Ergänzungen handelt, braucht man keine bestimmte Menge davon, und letzten Endes erreicht die Ausbeute an Wildfrüchten (z. B. Beeren oder Pilze) nicht immer ein vorgeschriebenes Quantum. Nur bei Hauptgerichten halte ich mich an die Kochbuchregel und koche für 4 Personen.

Ein Vorteil meiner Zubereitungsvorschläge ist, dass Sie keine aufwendigen Küchenmaschinen (Mühlen, Friteuse, Grill usw.) dazu benötigen. Ein Rührgerät, Mixer oder Fleischwolf reicht aus. Kochkunst bedeutet bei mir, das Vorhandene bestens zu verwerten oder eventuelle Reste so zu verarbeiten, dass sie nicht wiedererkannt werden. Wenn das Gericht dann allen schmeckt und wenig Arbeit gemacht hat, das, finde ich, ist ein (Koch-)Kunststück.

Grundsätzliches

Die Blätter, die zu Gemüse oder roh zu Salat verarbeitet werden, müssen kurz, aber gründlich in viel Wasser gewaschen und zum Abtropfen auf einen Durchschlag gegeben werden.

Als Gemüse (ähnlich Spinat) schmecken am besten mehrere Wildpflanzen gemischt mit einem grösseren Anteil von Brennesseln, Scharbockskraut oder Huflattich. Auch hier gilt: je jünger die Blättchen, desto zarter das Gemüse, desto feiner der Geschmack. So sind

Löwenzahnblätter zum Beispiel vor der Blüte kein bisschen bitter. Brennesseln haben immer junge Nachtriebe und bieten fast das ganze Jahr über ein gutes Gemüse. Die Pflanzensteckbriefe im vorderen Teil des Buches sagen Ihnen mehr über die Erscheinungszeit und die Besonderheiten der Pflanze und auch über die verwendeten Pflanzenteile. Selbstverständlich kann auch eine Wildpflanze allein verwertet werden, wenn die eventuelle Herbheit nicht als störend empfunden wird. Durch Abkochen kann der Geschmack gemildert werden. Einige Vitamine gehen vielleicht dabei verloren, aber genügend bleiben auch erhalten.

Für Wildgemüse geeignete Kräuter	*Geschmacksbewertung*
Bärenklau	herb
Beinwell	etwas herb
Brennessel	sehr gut
Frauenmantel	gut
Huflattich	gut
Wiesenknöterich	etwas streng
Löwenzahn	vor der Blüte sehr gut
Sauerampfer	säuerlich
Scharbockskraut	sehr gut
Wegerich	etwas herb

Tips für die Kräuterküche:

1. Frischhaltung

Kräuter können zur späteren Verwendung 2–3 Tage im Kühlschrank frisch gehalten werden, ohne dass sie an Aussehen oder Aroma verlieren. Dazu schlage ich die gewaschenen, noch feuchten Kräuter in ein Geschirrhandtuch ein und lege das Paket in das Gemüsefach.

2. Zerkleinern

Kräuter kann man mit einem scharfen geraden Messer auf dem Brett hacken oder mit dem jetzt wieder im Handel befindlichen ein- oder zweischneidigen Wiegemesser zerkleinern. Sehr schnell und mühelos geht es mit dem Mixer, wenn man die Pflanzenteile durch die Öffnung im Deckel auf das laufende Messer fallen lässt.

3. Brennesseln überbrühen

Gemüsekräuter, besonders Brennesseln, die durch den Fleischwolf gedreht werden sollen, mit kochendem Wasser übergiessen. Dadurch fallen sie zusammen, und die Brennesseln brennen nicht mehr. Mit viel kaltem Wasser aufgefüllt, habe ich dann ein lauwarmes Waschwasser, aus dem ich die schlaffen Kräuter auf einen Durchschlag zum Abtropfen hebe.

4. Einfrieren

Zum Einfrieren bereite ich die Kräuter wie unter Tip 3 vor, drehe sie durch den Fleischwolf und fülle sie in Portionenbehälter. Durch das Überbrühen sind sie so gut wie blanchiert und schmecken bei der späteren Zubereitung wie frisch. Der gefrorene Kräuterblock kann gleich in die Butter-Mehl-Schwitze oder in eine Grundsauce oder Suppe gegeben werden.

5. Kräuter geröstet

Braten Sie einmal in der Pfanne 1 Esslöffel grob gehackte Kräuter in etwas Butter knusprig. Es geht sehr rasch, und die Kräuter bleiben dabei grün. Wenn Sie dann wissen, wie sie schmecken, werden Sie auch bald eine Verwendung dafür finden, zum Beispiel auf Salzkartoffeln, Kartoffelbrei, Omeletten, auf Gemüse wie Möhren, Blumenkohl und Spargel, auf Spiegelei und Fisch.

Gemüsekräuter

Wildgemüserezept I

2 Tassen durchgedrehte Gemüsekräuter
1 Essl. Butter · 1 Essl. Mehl
1 mittlere Zwiebel · etwas Fleischbrühe · Salz
geriebene Muskatnuss

Die Butter im Topf zergehen lassen und die
fein gehackte Zwiebel darin andünsten. Das
Mehl gut durchschwitzen, mit der Fleischbrühe glattrühren, die Kräutermasse, das Salz
und die geriebene Muskatnuss dazugeben
und 5 Minuten leise kochen.

Wildgemüserezept II

2 Tassen durchgedrehte Gemüsekräuter
1 Essl. Butter · ½ Tasse Sahne · 2 Eidotter
Salz · Muskatnuss

Die Kräutermasse mit der Butter, dem Salz
und der geriebenen Muskatnuss 5 Minuten
dämpfen; die Eidotter mit der Sahne verquirlen und unter die Masse rühren. Dann nicht
mehr kochen.

Wildgemüserezept III

2 Tassen durchgedrehte Gemüsekräuter
1 Essl. feingewürfelten Speck
2 Essl. geriebene Semmel
etwas Pfeffer · evtl. Salz

Den Speck hellbraun rösten, die Kräutermasse und die geriebenen Semmeln sowie die Gewürze dazugeben und 5 Minuten schmoren.

Kräuterpudding
für eine 1-Liter-Form
(Bild Seite 129)

2 Tassen durchgedrehte Gemüsekräuter
1 Semmel · 1 Tasse Milch · 1 Essl. Butter
½ Teel. Salz · 1 Zwiebel
etwas Muskatnuss · 4 Eier

Die Semmel grob zerteilen und in der zum
Kochen gebrachten Milch einweichen. Die
Butter schaumig rühren, die Eidotter, das
Salz, die Semmel, die feingewiegte Zwiebel
und die Kräutermasse dazugeben und alles
gut verrühren. Zum Schluss das zu Schnee
geschlagene Eiweiss unterheben und die
Masse in eine gefettete Puddingform füllen
und im Wasserbad 1 Stunde kochen. Den fertigen Pudding auf eine Platte stürzen, nach
Geschmack mit brauner Butter übergiessen
und Schinken dazu essen.

Abwandlung: Versuchen Sie doch einmal Sardellensauce zum fertigen Pudding
(helle Grundsauce mit gehackten Sardellen,
Kapern, feingewürfelter Gewürz- oder Senf-
gurke, Kräuterstreuwürze).

Unter Puddingform versteht man die
gerippten oder glatten Formen aus Blech
(früher auch aus Steingut) mit gut schliessen-

Kräuterpudding (Rezept Seite 128)

dem Deckel (Foto S. 129). Diese Form, gut gefettet und ¾ voll gefüllt, wird verschlossen in einen entsprechend hohen Kochtopf gestellt, etwa ¾ hoch Wasser eingefüllt, der Kochtopfdeckel fest aufgelegt. Das Wasser wird zum Kochen gebracht und muss dann die angegebene Zeit immer langsam weiterkochen.

Puddingteig soll dick breiig sein und schwer reissend vom Rührlöffel fallen. Bevor der Eierschnee untergehoben wird, sollten die übrigen Zutaten etwas ausgekühlt sein, falls sie gekocht werden mussten. Der fertige Pudding wird warm gegessen. Reste davon können, in Scheiben geschnitten, in der Pfanne mit etwas Butter aufgewärmt werden, schmecken aber auch kalt mit einer kleinen Sauce (Remoulade-, Kräutersauce).

Kräuter-Nieren-Pudding
für eine 1-Liter-Form

2 Tassen durchgedrehte Gemüsekräuter
1 Semmel · 1 Tasse Milch
1 Kalbs- oder Schweineniere · 1 Zwiebel
1 Möhre (gelbe Rübe) · 1 Essl. Butter
4–5 Eier · ½ Teel. Salz

Die Semmel in der zum Kochen gebrachten Milch einweichen. Im Topf die Butter erhitzen und die feingewürfelte Zwiebel darin anbraten, die Niere und die Möhre, beide fein

gewiegt, dazugeben und unter Rühren einmal aufkochen. Hitze abschalten. Die Kräutermasse, die ausgedrückte Semmel, die Eidotter und das Salz gut damit verrühren. Zum Schluss das zu Schnee geschlagene Eiweiss darunterheben und die Masse in die gefettete Puddingform füllen. Eine Stunde im Wasserbad kochen (siehe linke Spalte oben).

Schellfisch mit Kräutern
für 4 Personen

1 kg Schellfisch
2 Tassen fertiges Wildgemüse (S. 128)
½ kg gekochte Kartoffeln · 2 Essl. Butter
2 Zwiebeln · 1 Teel. Salz · etwas Pfeffer
2 Essl. geriebener Käse

Den Schellfisch nach Säubern, Salzen, Säuern in wenig Wasser mit ein paar Gewürzen (Zwiebel, Pfefferkörner, Lorbeerblatt, Zitronenschnitze) ca. 20 Minuten ziehen lassen, Haut und Gräten entfernen, das Fischfleisch zerpflücken. Die gekochten Kartoffeln in Scheiben schneiden. In eine gefettete Back- oder Auflaufform lagenweise Kartoffelscheiben, Fisch und Gemüse mit ein paar Butterflöckchen dazwischen einschichten. Obenauf den Reibkäse streuen und die restliche Butter in Flöckchen verteilen. Im Backofen braun überbacken.

Grüne Klösse

1 Tasse durchgedrehte Gemüsekräuter,
worunter auch etwas Thymian, Majoran und
2 Blättchen Gundermann sein dürfen
2 Semmeln · 2 Tassen Milch · 2 Essl. Butter
½ Teel. Salz · 2–3 Eier · etwas Mehl
evtl. etwas geriebene Semmel

Die Semmeln in kochender Milch einweichen. Die Butter im Kochtopf zergehen lassen, die Kräutermasse, die eingeweichten Semmeln und das Salz dazugeben und unter Rühren erhitzen, bis sich die Masse als Kloss vom Topf löst. Etwas auskühlen lassen und nach und nach die Eier und etwas Mehl darunterrühren und evtl. mit geriebenen Semmeln festigen. Der Teig ist richtig, wenn er eben zusammenhält, ohne fest zu sein, sonst werden die Klösse hart. In sprudelndes Kochwasser einlegen und ziehen lassen, bis sie oben schwimmen.

Abwandlung: Statt Butter kann gewürfelter, ausgebratener Speck verwendet werden.
Kleine Grüne Klösse eignen sich als Suppeneinlage. Grösser geformte können mit brauner Butter und Schinkenscheiben oder dünn aufgeschnittener Räucherwurst und Salat ein Hauptgericht sein.

Geheimtip für Kriegs- oder Diätzeiten: Die würzige Klossbrühe lässt sich noch gut zu Graupen- oder Hirsesuppe verarbeiten.

Kräuterrollen
für 4 Personen

2 Tassen durchgedrehte Gemüsekräuter
einige grosse Blätter (Knöterich)
300 g gemischtes Hackfleisch · 1 Zwiebel
½ Teel. Salz · etwas Pfeffer · 2 Eier
evtl. geriebene Semmel
1 Essl. Schmalz oder gewürfelter Speck

Die ausgewählten grossen Blätter überbrühen und abtropfen, Rouladengarn bereitlegen.
Die Kräutermasse, das Hackfleisch, die feingewürfelte Zwiebel, das Salz und den Pfeffer sowie die Eier gut vermischen, evtl. etwas geriebene Semmel zugeben, wenn der Teig zu weich ist. Portionen davon jeweils in die auch doppelt über- und nebeneinander gelegten Hüllblätter einrollen und durch Faden zusammenhalten. In heissem Schmalz oder Speckfett anbraten und bei geringer Hitze etwa 20 Minuten im eigenen Saft gar schmoren. Nach Wunsch die Sauce binden und Kartoffelbrei dazu reichen.

Erinnerung an einen Urlaub

4–5 Kartoffeln · 1 Tasse rohen Reis
1 Teel. Salz-Pfeffer-Gemisch (6 Teel. Salz,
1 Teel. gemahlener Pfeffer, habe ich immer
vorrätig) · 2–3 Essl. gehackte Kräuter
Zwiebeln · nach Geschmack etwas Knoblauch
2–3 Auberginen oder einige grössere Pilze oder
beides · 4–5 Tomaten · 1 rote Paprika
4–5 dünne Scheiben durchwachsener Speck
3 Essl. Olivenöl

1 Essl. Olivenöl in einem Schmortopf erhitzen und verlaufen lassen. Die geschälten rohen Kartoffeln, die vorbereiteten Auberginen und die Tomaten in 1 cm dicke Scheiben schneiden, die Pilze sehr fein aufschneiden, Zwiebeln hacken und in einem Schüsselchen bereitstellen, ebenso die gehackten Kräuter, das Salz-Pfeffer-Gemisch und den Reis in je ein Schüsselchen geben (Sie werden gleich sehen, wofür: für den flotten Griff hier hinein und da hinein!). Nun mit den dicken Kartoffelscheiben den Topfboden auslegen, darüberstreuen: Salz-Pfeffer, ein paar Zwiebeln, ein paar Kräuter, einen Griff Reis, dann die Auberginenscheiben oder die aufgeschnittenen Pilze daraufschichten und wieder: Salz-Pfeffer, Zwiebeln, Kräuter, Reis, jetzt die Tomatenscheiben und: Salz-Pfeffer, Zwiebeln, Kräuter, Reis, zum Schluss als Krönung die von den Kernen befreite Paprikaschote sternförmig aufschneiden, auseinanderdrücken und obendrauf legen. In die

spitzen Winkel die zurechtgeschnittenen Speckscheiben einschieben und den Rest der kleinen Schüsselchen darüber verteilen: Salz-Pfeffer, Zwiebeln, Kräuter, Reis. 2 Essl. Olivenöl darüberträufeln und Wasser aufgiessen, bis es am Rand gerade zu sehen ist, es darf keinesfalls überstehen. Bei grosser Hitze kräftig ankochen und 5 Minuten stark weiterkochen. Dann im Backofen mit aufgelegtem Deckel ¾ Stunden garen, bis die Oberschicht bräunt.

Tomatendip

Etwas Tomatenketchup · 1 Schuss Weinbrand
sehr fein gehackte Würzkräuter (Thymian,
Majoran, Gundermann)
eine Handvoll Löwenzahnblätter vor der Blüte
oder Sauerampfer

Das Tomatenketchup mit dem Weinbrand und den Würzkräutern gut verrühren. Für jede Person einen schmalen Sektkelch mit etwas Tomatendip füllen, die gewaschenen, trocken getupften Blätter kurz vor dem Anrichten hochkant hineinstellen und ähnlich wie Artischockenblätter eindippen und essen. Dazu müssen die Blätter knackig frisch sein. Das erreicht man durch Einschlagen der gewaschenen Blätter in ein Küchenhandtuch und Verwahrung im Kühlschrank bis zur Verwendung.

Doppeldecker

2 Tassen fertiges Wildgemüse (S. 128)
einige Scheiben Weissbrot
Milch zum Einweichen · etwas Salz
2 Eier · geriebene Semmeln
Bratfett (Butter, Margarine)

Die Weissbrotscheiben vorsichtig in der leicht gesalzenen Milch einweichen, einzeln zwischen zwei Holzbrettchen leicht ausdrükken, in den verquirlten Eiern wenden, in geriebenen Semmeln wälzen und von beiden Seiten in heissem Fett hellbraun braten. Das warme Gemüse fingerdick auf eine Scheibe legen, eine andere darauflegen und mit Zitronenscheiben garnieren.

Nudel-Auflauf

250 g gekochte Bandnudeln
2 Tassen fertiges Wildgemüse (S. 128)
200 g gekochter oder roher Schinken
2–3 Eier · ½ Tasse Sahne

In die gefettete Auflaufform lagenweise die gekochten Bandnudeln, das Wildgemüse und den gewürfelten Schinken einfüllen. In der Sahne die Eier verquirlen und darübergiessen. Im Backofen hellbraun backen.

Gemüsestrudel

2 Tassen fertiges Wildgemüse (S. 128)
Eierkuchen nach Rezept von S. 194
1 Tasse Sahne · 2–3 Eier
½ Essl. Mehl · 1 Essl. Butter

Auf jeden fertigen Eierkuchen fast fingerdick das Gemüse aufstreichen, zusammenrollen und nebeneinander in eine gefettete Form legen. Die Sahne, die Eier und das Mehl gut verquirlen, über die Eierkuchen giessen, Butterflöckchen obenaufsetzen und den Strudel bei mittlerer Hitze etwa ¾ Stunden backen, bis er goldbraun ist.

Abwandlung: Vor dem Backen mit geriebenem Käse bestreuen oder nach der Fertigstellung Käsescheibletten auflegen und kurz im Ofen nachbacken, bis diese zerlaufen.

Kräutertaschen

500 g Mehl · 2 Eier · etwas Wasser
für die Füllung 1 Tasse fertiges
Wildgemüse (S. 128)
1 Ei · geriebene Semmel · Bratfett

Das Mehl mit 2 Eiern und etwas Wasser zu einem festen Teig verarbeiten, gut schlagen und kneten, dünn ausrollen, runde Plätzchen von etwa 7 cm Durchmesser ausstechen oder

Vierecke ausschneiden; jeweils eines davon mit dem Gemüse belegen, die Ränder mit verquirltem Ei bestreichen und ein zweites Plätzchen darauf festdrücken. Auch die Aussenseiten mit dem Ei bestreichen, die Taschen in geriebener Semmel wälzen und in reichlich Fett in der Pfanne bei mittlerer Hitze goldbraun braten.

Mögliche Beigabe: kleingewürfelter Kochschinken in würziger Tomaten-Kräuter-Sauce.

Frühlingssuppe
schon ab März zu essen

1–2 Hände voll gemischte Gemüsekräuter
(Scharbockskraut, Löwenzahn, Brennessel,
Wegerich, Schafgarbe, Brunnenkresse, Beinwell,
etwas Gundermann)
1 Essl. Butter · Salz · Fleischbrühe

Die feingehackten Kräuter in der Fleischbrühe kurz aufkochen, die Butter darangeben und salzen. Diese Suppe ist (vitaminspendend und blutreinigend) als Vorsuppe gedacht und kann mit einer kleinen Einlage (Fleisch- oder Schwemmklösschen) gereicht werden.

Grüne Suppe

2 Hände voll gemischte Gemüsekräuter
(etwas später im Jahr auch mit Sauerampfer,
Huflattich, Frauenmantel, Knöterich, etwas
Minze und Wiesenknopf)
1 Essl. Butter · 1 Essl. Mehl · Salz · Wasser

Die Blätter mit dem Wasser kurz aufkochen, etwas ziehen lassen und durch ein Sieb streichen oder im Mixer pürieren. Im Kochtopf die Butter mit dem Mehl gut schwitzen, mit etwas Suppe glattrühren und die restliche Suppe zugeben, mit Salz würzen. Als Vorsuppe mit in Butter gerösteten Weissbrotwürfeln reichen.

Grüne Sauce

2 Essl. Butter · 2 Essl. Mehl
1 Tasse Fleischbrühe oder Milch
frische, feingehackte Gemüsekräuter
(Sauerampfer, Wiesenknopf, Schafgarbe,
Bärlauch, Bärenklau, Löwenzahn, Wegerich,
Frauenmantel, etwas Gundermann)

Die Butter mit dem Mehl schwitzen und nach und nach mit der Fleischbrühe oder der Milch glattrühren. Die feingehackten Kräuter darin kurz aufkochen und etwas ziehen lassen, evtl. mit etwas Zitronensaft abschmecken. Passend zu gekochtem Rindfleisch oder Eiern.

Butterbrot mit Gänseblümchen und Brunnenkresse
Frühlingssuppe, Beerensaft, Fliederbeersuppe mit Klössen, Wildgemüse mit Ei, Wildsalat, Gutachtäler
Salat

Grüne Knöpfle

500 g Mehl · 1–2 Eier · etwas Wasser
2–3 Essl. frische feingehackte Gemüsekräuter
(Bärwurz, Schafgarbe, Löwenzahn, Wegerich,
Brennessel, Brunnenkresse, Wiesenknopf, wenig
Thymian, Majoran und Gundermann)
Butter

Aus dem Mehl, den Eiern und etwas Wasser einen zähflüssigen Teig herstellen, gut schlagen, bis er Blasen wirft, die feingehackten Kräuter einarbeiten. Vom nassen Holzbrett den Teig in kleinsten Mengen in das kochende Salzwasser schaben oder durch ein grobes Sieb drücken oder die Spätzlemaschine benutzen. Einige Minuten ziehen lassen, bis sie oben schwimmen. Dann herausheben, auf dem Durchschlag mit kaltem Wasser überbrausen und in angebräunter Butter in der Pfanne schwenken.

Feine Beilage zu Pilzgemüse, Wild- oder Lammbraten.

Wildgemüsesuppe

2 Handvoll gehackte Gemüsekräuter
Wasser · Salz · 1 Essl. Butter · ½ Tasse Sahne
2 Eidotter · etwas Muskatnuss

Die gehackten Kräuter mit dem Wasser, etwas Salz und der Butter zum Kochen ansetzen und etwas ziehen lassen. Hitze abschalten und die in der Sahne verquirlten Eidotter unterrühren. Mit geriebener Muskatnuss würzen.

Abwandlung: Statt der Sahne kann auch Buttermilch genommen werden.

Kräuteromelette

4–5 Eier · 1 Essl. Butter · etwas Salz
2–3 Essl. frische, feingehackte Gemüsekräuter
(Schafgarbe, Brennessel, Wiesenknopf,
Knöterich, Löwenzahn, Wegerich, etwas
Bärlauch, Gundermann, Thymian, Majoran)

Das Eiweiss zu Schnee schlagen, die Eidotter, das Salz und die fein gehackten Kräuter unterheben. In der Pfanne die Butter erhitzen und die Masse einfüllen. Bei mittlerer Hitze die Omelette garen, und erst wenn der Teig auch oben gestockt ist die Unterseite etwas bräunen. Aus der Pfanne auf eine Platte schieben und eine Hälfte überklappen.

Beilage zu Pilzen und zu Spargel mit Schinken.

Tip: Wenn Sie sich einmal überraschen wollen, legen Sie doch auf die eine Hälfte der fertigen, noch in der Pfanne befindlichen Omelette ein paar Party-Würstchen oder gewürfelten rohen oder gekochten Schinken. Die andere Hälfte überklappen, noch etwas ruhen lassen und dann geniessen.

Wildgemüseeintopf

Suppenfleisch oder Fleischklösse · Wasser
2 Hände voll grobgehackte Gemüsekräuter
1 Bund Suppengrün oder was es gerade gibt an
Gemüse (Möhre, Sellerie, Lauch, Kohlrabi,
Blumenkohl, Grüne Bohnen, 1 Kartoffel) · Salz

Das Suppenfleisch oder die Fleischklösse im Wasser garen, herausheben. Im Kochsud die kleingeschnittenen, festeren Gemüseteile 10 bis 15 Minuten kochen, dann Salz und die gehackten Kräuter dazugeben. Das kleingeschnittene Fleisch oder die Klösse wieder hineinlegen und noch etwas darin aufwärmen.

Kräuter-Spezialrezepte

Bärlauchknospen-Sauce

Bratensatz (von einem Braten im Stück
oder von Steaks oder Fertigsauce)
1 Essl. Mehl · Salz und Pfeffer
etwas Sahne oder saure Sahne
etwas Scharfes (Tabasco, Chili, Paprika) und
pro Person 10–12 Bärlauchknospen

Im heissen Bratensatz das Mehl schwitzen,
mit wenig Wasser ablöschen, Sahne oder saure Sahne zugeben und mit den Gewürzen
kräftig abschmecken. Zum Schluss die Bärlauchknospen 5 Minuten darin ziehen lassen.
Bärlauchknospen können eingefroren werden, ebenso ein paar der hübschen weissen
Blüten zum Garnieren.

Sauerampfer-Gemüse

2 Tassen gebrühter und durchgedrehter
Sauerampfer · 1 Essl. Butter · 1 Essl. Mehl
½ Tasse Fleischbrühe · Salz · ½ Teel. Zucker
etwas Sahne · 2 Eidotter

Die Butter und das Mehl im Kochtopf durchschwitzen, mit der Fleischbrühe glattrühren,
die Kräutermasse, den Zucker und das Salz
dazugeben und aufkochen, kurz nachdün-
sten. Hitze abschalten und die in der Sahne
verquirlten Eidotter darunterrühren.
    Dieses Gemüse ist eine ganz aparte Beilage
zu Lammbraten und auch gerade zur Zeit der

jungen Lämmer am besten, da die Pflanze
dann noch nicht geblüht hat.

    Geheimtip: Mischen Sie einmal ein paar
eingeweichte Korinthen unter das fertige
Gemüse!

Löwenzahn-Leckerli
Bild Seite 139

4 grosse Handvoll Löwenzahnblüten
1½ kg Zucker · 2 Zitronen · 1½ l Wasser

Die Löwenzahnblüten im Wasser 5 Minuten
durchkochen und abseihen. Die Flüssigkeit
mit dem Zucker und dem Saft der Zitronen
bis zur Sirupdicke einkochen (dauert nicht
lange). In Gläsern aufbewahren. Dieses Lek-
kerli schmeckt nicht nur ausgezeichnet – von
echtem Bienenhonig nicht zu unterschei-
den –, sondern wirkt auch noch gesundheits-
fördernd und stärkend.

Löwenfang
(ein Likör, mit dem man mehr als nur Bären
fängt)

1 Tasse Löwenzahn-Leckerli (siehe oben)
1 Tasse warmes Wasser · 1 Tasse Sprit 96%
20 ml Rum

Löwenzahn-Leckerli mit Wasser auflösen,
Sprit und Rum dazugiessen und alles in eine
Flasche füllen. Nun warten, bis ein Löwe
kommt.

Löwenzahn–Leckerli (Rezept Seite 138)

Löwenzahnwein
nach altem Rezept

So viele Löwenzahnblüten, wie man sechsmal
zwischen beiden Händen gut zusammengepresst
halten kann
6 l Wasser · 2 Zitronen · 2 Orangen
3 kg Zucker · etwas Hefe (Weinhefe)

Die Löwenzahnblüten in dem Wasser mit
den Schalen der Zitronen und Orangen 15
Minuten kochen, abseihen. Der Flüssigkeit
den Saft der Zitronen und Orangen zufügen
und auskühlen lassen. Die Hefe mit etwas
lauwarmem Wasser anrühren und zugeben
und alles in einem Krug oder einer grossen
Flasche an einem gleichmässig warmen
Plätzchen 5 Tage lang gären lassen. Danach
wieder abseihen und die Flüssigkeit in sehr
gut gereinigte oder auch sterilisierte (im
Wecktopf) Wein- oder Sektflaschen füllen
und fest verkorken. Im Keller dunkel und lie-
gend aufbewahren. Nach 2 Monaten ist das
Getränk fertig und sehr lange haltbar. Richtig zubereitet ist der Löwenzahnwein was-
serhell und stark moussierend wie Sekt.

Holunderblüten-Suppe

1 l Milch · 2–3 grosse Holunderblütendolden
3 Essl. Zucker · 1 Essl. Weizenpuder · 3 Eier
etwas Zimt und Zucker

Die Milch erhitzen und die Holunderblütendolden, am Stiel gefasst, 3–4 Minuten in die
kochende Milch halten. Diese durch ein Sieb
giessen und mit dem Zucker wieder aufkochen. Hitze abschalten und den in wenig
Wasser verrührten Weizenpuder einrühren.
Mit den Eidottern legieren. Abkühlen und
portionenweise auf Teller verteilen. Das Eiweiss zu Schnee schlagen und kleine Häufchen auf die Suppen setzen und mit Zimt und
Zucker bestreuen. Nussklösschen (S. 214)
sind besonders fein zu dieser Suppe.

Holunderblüten gebacken
Bild Seite 141

3 Essl. Mehl · 1 Ei · ½ Essl. gutes Öl
etwas Wasser oder Milch
einige besonders schöne Blütendolden vom
Schwarzen Holunder
Bratfett (Butter oder Margarine)

Die Eier mit dem Mehl, dem Öl und so viel
Wasser oder Milch glatt verrühren, bis ein
eben noch flüssiger Teig entsteht. Die Blütendolden, am Stengel angefasst, gut unter-
tauchen darin. In reichlich Fett in der Pfanne
hellbraun backen. Wenn der Teig zu dick ist,
bleibt zu viel an den Blüten haften und wird
auf der Oberseite nicht gar. Der Schaden ist
noch zu beheben, indem man den Hauptstiel
mitsamt den Nebenstielen aus dem angebak-
kenen Teig zupft, das Küchlein wendet und
auch von der zweiten Seite im Fett backt.

Holunderblüten gebacken (Rezept Seite 140)

Richtig dünn und einseitig ausgebackene Doldenküchlein bestreut man mit Puderzucker und knabbert sie vom Stengel.

Holunderblütensekt

10 grosse Blütendolden vom
Schwarzen Holunder · 10 l Wasser
1 kg Zucker · ½ l Weinessig · 2 Zitronen

In ein grosses Gefäss (Schüssel, Steinkrug) gibt man die in Scheiben geschnittenen Zitronen, die Blütendolden, den Zucker und den Essig. Alles 2 Tage lang ruhen lassen, bis sich der Zucker aufgelöst hat. Die Flüssigkeit abseihen und in gut gereinigte Sektflaschen füllen und gut verkorken. Es bildet sich Kohlensäure, die das an heissen Tagen wunderbar erfrischende Getränk wie Sekt schäumen lässt. Nach 2 Wochen kann die erste Probe genommen werden.

Abwandlung: Statt der Holunderblüten 2 Handvoll Waldmeister vor der Blüte oder Rosenblätter oder Veilchenblüten oder Lindenblüten oder Löwenzahnblüten.

Tannenwipferlsirup

2 grosse Handvoll Fichtentriebe
1½ kg Zucker · 1½ l Wasser

Die Fichtenspitzen, die im Mai/Juni frisch austreiben und gerade das braune Hütchen abgestreift haben, mit dem Wasser aufkochen, etwas ziehen lassen, abseihen. Die Flüssigkeit mit dem Zucker bis zur Sirupdicke einkochen (dauert nicht lange).

Soll dieser Sirup als Hustenmittel oder gegen Bronchialkatarrh teelöffelweise eingenommen werden, so gibt man den Fichtenspitzen 1–2 grob zerteilte Zwiebeln zu und rührt nach dem Abseihen bei nur 1 kg Zuckerzugabe noch ¼ kg Kandiszucker und ¼ kg Honig darunter.

Abwandlung: Der Sirup kann auch aus Kiefernspitzen, Tannenspitzen und Wacholderspitzen oder aus allen gemischt hergestellt werden.

Schmorgurken mit Schafgarbe

1 Salatgurke oder ein paar kleine Feldgurken
1 Zwiebel · Fett (durchwachsener Speck, Butter
oder Margarine) · Essig · etwas Wasser
Salz und Pfeffer · etwas Zucker
ein paar Pimentkörner · ½ Lorbeerblatt
1 Teel. Mehl · ½ Tasse Sahne
gehackte Schafgarbe

Die Gurke schälen, der Länge nach aufschneiden und mit einem Esslöffel die weiche Innenschicht mit den Kernen herauskratzen. Die Hälften jetzt noch einmal der Länge nach aufschneiden und diese Streifen in ziemlich gleichmässige Würfel teilen. Im Topf den gewürfelten Speck anbraten oder das Fett erhitzen, die kleingeschnittene Zwiebel glasig dünsten und die Gurkenwürfel dazugeben. Mit etwas Wasser, dem Essig, Salz und Pfeffer, etwas Zucker, den Pimentkörnern und dem Lorbeerblatt 20 Minuten leise kochen. Das Mehl in etwas Wasser verrühren und damit den Kochsaft zur Sauce andicken. Abschmecken. Es hat wenig Zweck, bei diesem Gericht genaue Gewürzmengen anzugeben, da jeder es anders liebt. Wir haben die Schmorgurken gern kräftig süss-sauer und essen Fleischklösse und Salzkartoffeln dazu. Nach dem Abschmecken die Sahne unterrühren und die gehackte Schafgarbe darüberstreuen.

Waldmeisterbowle

1 Sträusschen Waldmeister vor der Blüte
1–2 Essl. Zucker · 1 Fl. Weisswein
Sekt oder Mineralwasser

Das Waldmeistersträusschen zur besseren Aromaentfaltung etwas anwelken lassen, an langem Faden in das Bowlengefäss hängen und mit dem Weisswein begiessen. Die Schnittstellen der Stiele sollen nicht vom Wein bedeckt sein. 1–2 Stunden gut gekühlt ziehen lassen. Unterdessen den Zucker mit ganz wenig Wasser klar kochen, kühlen und zufügen. Mit Sekt oder Mineralwasser aufgiessen.

Tip: Wenn Sie mit sich ganz allein Waldmeisterbowle trinken wollen, hängen Sie ein kleines Sträusschen in Ihr Sektglas, das schmeckt fast noch besser.

Maitrank
altes Klosterrezept

1 Handvoll Waldmeister (hier schaden
ein paar Blüten nicht)
1 Handvoll Blätter der Walderdbeere
einige Blättchen Gundermann
und, wenn im Garten vorhanden,
einige Blätter der Schwarzen Johannisbeere
3 l Weisswein · 150 g Puderzucker

In eine mässig warme Porzellanschüssel die Kräuter legen und den Puderzucker darüberstreuen, Deckel auflegen und 2 Stunden ruhen lassen. Dann den Wein zugiessen, nach weiteren 3 Stunden abseihen und auf Flaschen abfüllen.

Diese Medizin ist sehr belebend, herzstärkend und verdauungsfördernd und soll grundsätzlich *nach* der Mahlzeit getrunken werden.

Salatkräuter

Zubereitung

Die Salatzubereitung ist eine Kunst für sich, manche steigern sie bis zur Zeremonie, das Ergebnis ist aber immer gleich, wenn man die Grundregel einhält. Die Kräuter müssen ganz besonders gut gewaschen werden, denn nichts ist unangenehmer, als wenn der Sand zwischen den Zähnen knirscht. Nach dem Waschen sollte das überflüssige Wasser wieder entfernt werden, was man durch Ausschleudern im Salatkorb oder Abtupfen mit dem Küchenhandtuch erreicht. Ich bevorzuge letzteres, weil ich im zweiten Stock so schlecht vors Haus treten kann, um den Korb draussen zu schwenken, andererseits auch das Wasser nicht gleichmässig verteilt in der Küche haben möchte. Über die Reihenfolge der Zutaten wird gestritten. Ich halte mich da raus und bereite in der vorgesehenen Schüssel immer zuerst die Salattunke, weil Salz und Zucker sich besser auflösen und die Sauce dann schon bereitsteht, wenn ich den Salat kurz vor dem Gebrauch unterheben möchte, wodurch er beim Essen wirklich noch knackig frisch ist. Anders ist es natürlich bei den Salaten (Kartoffelsalat), die durchziehen müssen, damit die Zutaten ihr Aroma entfalten können, aber dort ist es im Rezept angegeben. Man sollte für Salattunken niemals irgendein beliebiges Öl benutzen. Gerade hier haben wir Gelegenheit, unserem Körper durch die Zufuhr ungesättigter Fettsäuren etwas Gutes zu tun. Sie sind besonders in Sonnenblumen- oder Mohnöl enthalten; ich nehme zu Quark auch gern einmal Leinöl, das jedoch immer frisch sein muss. Der Zucker in den verschiedenen Saucen ist nicht auf meine polnische Grossmutter zurückzuführen, sondern er gehört einfach daran, um das Aroma abzurunden und den Kräutern ein Zuviel an Geschmacksstoffen zu nehmen.

Für Salat geeignete Kräuter

Bärenklau, Beinwell, Brennessel, Brunnenkresse, Frauenmantel, Huflattich, Löwenzahn, Sauerampfer, Scharbockskraut, Wegerich und in geringen Zugaben als Frischwürze: Bärwurz, Minze, Schafgarbe, Wiesenknopf und Gundermann.

Wildsalat

Die Blätter beliebiger Salatpflanzen (Löwenzahn, Huflattich, Brunnenkresse, Beinwell, Brennessel, Sauerampfer, Scharbockskraut und als Würze ein paar Blättchen Gundermann und Schafgarbe) in ganz feine Streifen schneiden. Wir sind vom treibhausbehüteten, zarten Kopfsalat so verwöhnt, dass nicht jedem die dickeren, manchmal auch etwas pelzigen Wildblätter im ganzen behagen würden. Dieser Salat braucht eine herzhaft gewürzte Sauce und wird in kleineren Mengen als Beilage gegessen.

Sauce I

1 Essl. Öl · 1 Essl. Wein- oder Obstessig
Salz und Pfeffer · etwas Zucker

Alle Zutaten verrühren und die Kräuter unterheben.

Sauce II

1 kleine Zwiebel · 1 Essl. Öl
1 Essl. Wein- oder Obstessig · Salz und Pfeffer
etwas Zucker · 1 Teel. Senf

Die Zwiebel fein würfeln und mit den anderen Zutaten gut verrühren; die Kräuter unterheben.

Sauce III

1 kleine Zwiebel · 1 Essl. Öl
1 Essl. Wein- oder Obstessig · Salz und Pfeffer
1 Essl. Senf · 1 Essl. Zucker · ½ Apfel
1 kleine Gewürzgurke · 1 gute Prise Curry

Die Zwiebel, den halben Apfel und die Gewürzgurke ganz fein würfeln und mit den anderen Zutaten gut verrühren. Dann die Kräuter unterheben.

Sauce IV

1 Essl. kleingewürfelter Speck
1 Essl. Wein- oder Obstessig · Salz und Pfeffer
etwas Zucker

Den Speck ausbraten. In der Zwischenzeit in einer Schüssel den Essig mit dem Salz, dem Pfeffer und dem Zucker verrühren, die Kräuter unterheben. Zum Schluss den warmen Speck darübergeben und leicht untermischen. Gleich essen, da sonst das Speckfett hart wird und sich absetzt.

Sauce V

1 Zitrone · 1 Teel. Zucker · ½ Tasse Sahne
Salz und Pfeffer

Den Saft der Zitrone mit dem Zucker, dem Salz und dem Pfeffer gut verrühren, mit der Sahne vermischen und die Kräuter unterheben. Evtl. mit etwas abgeriebener Zitronenschale würzen.

Wildsalat (Rezept Seite 145)
Mein Lieblingsquark (Rezept Seite 164)

Bunter Wildsalat mit Buttertoast

Salat mit Sauce I–V nach Wahl
hartgekochte Eier · Kochschinken
einige Scheiben Toastbrot · Butter

Den Salat mit der Sauce Ihrer Wahl anrichten und dick mit dem feingewürfelten Kochschinken und den gehackten Eiern bestreuen. Brot im Toaster rösten und mit Butter bestreichen oder Butter in der Pfanne zergehen lassen und die Brotscheiben von beiden Seiten knusprig braten.

Gutachtäler Salat
nur im März oder April zu essen

500 g gekochte Kartoffeln
500 g Löwenzahn vor der Blüte · 1 Zwiebel
½ Teel. Salz · Pfeffer · etwas Zucker
1–2 Essl. Wein- oder Obstessig
Öl oder Speckfett

Die Kartoffeln in dünne Scheiben schneiden, den Löwenzahn hacken oder in feine Streifen schneiden, die Zwiebeln würfeln. In einer Schüssel alles mit dem Salz, dem Pfeffer, dem Zucker, dem Essig und dem Öl oder Speckfett gut vermischen. Es macht nichts, wenn die Kartoffeln noch warm sind und beim Rühren zerfallen. Hier im Schwarzwald isst man diesen Salat gern in breiiger Form lauwarm mit Spiegeleiern.

Gewürzkräuter

Verwendung

Diese Kräuter können frisch, manche aber auch getrocknet, den unterschiedlichsten Speisen als Würze zugegeben werden, wenn ein pikantes Aroma erwünscht ist (Bratensaucen, Suppen, Quark, Salat, Käse-Fondue usw.). Sie sind nicht zum Satt- oder Gesundessen gedacht wie die Gemüsekräuter und sollten fein dosiert werden. Ein Zuviel kann das Gericht verderben.

Kräuter, die frisch als Würze geeignet sind

Brunnenkresse, Schafgarbe, Minze, Waldmeister, Gundermann, Thymian, Bärlauch, Wiesenknopf, Wiesensalbei, Bärenklau, Majoran, Bärwurz, Sauerampfer, Beifuss.

Tips

● Lässt man Gewürzkräutersträusschen zusammengebunden in Suppen oder Saucen mitkochen, erspart man sich das Durchsieben und braucht das Sträusschen nur am Faden herauszuheben.

● Wenn Sie Kräuter für einige Tage frisch halten möchten, werden sie nach dem Waschen und Abtropfen in ein Tuch eingeschlagen und in das Gemüsefach des Kühlschranks gelegt. Es gibt auch Spezialkühlschrankbehälter aus Plastik mit eingelegtem Siebboden, durch den überschüssiges Wasser von den Kräutern abgehalten wird.

● Gehackte frische Gewürzkräuter – einzeln oder gemischt – können zum bequemen Gebrauch haltbar gemacht werden, indem man sie mit reichlich Salz gut vermischt und fest in Schraubgläser füllt. Kühl aufbewahren. Es wird dann jeweils die gewünschte Menge entnommen und schon beim Ansetzen des Gerichtes das Salz in den Kräutern einkalkuliert.

● Für kurze Zeit (etwa 4 Wochen) können frische Gewürzkräuter für die tägliche Entnahme auch in Olivenöl konserviert werden. Gemischte Kräuter kleinhacken, in ein verschliessbares Gefäss füllen (Weckglas mit Deckel, Schraubglas) und mit Olivenöl auffüllen, bis sie bedeckt sind. Für jede Speise geeignet, wo das Öl nicht stört (Salat, Quark, Kartoffelsuppen, Sauce).

● Gewürzkräuter, die man auch ausserhalb ihrer Wachstumsperiode frisch verwerten möchte, können auch eingefroren werden. Am besten stellt man sich gleich eine Mischung aller gerade wachsenden Kräuter zusammen, hackt sie und friert sie portionenweise im Eiswürfelbehälter des Gefrierfaches vor, um sie dann gefroren in Würfelform in einen Plastikbeutel umzufüllen. Die Würze bleibt zwar erhalten, die duftige Frische des Krautes geht durch das Einfrieren jedoch verloren.

Kräuter, die auch getrocknet ihre Würzkraft behalten

Minze, Gundermann, Thymian, Wiesensalbei, Majoran, Bärwurz, Beifuss, Wiesenknopf.

Zum Trocknen werden die Kräuter in losen Sträusschen warm und luftig aufgehängt oder auf der Heizung auf Papier ausgelegt, bis sie ganz rösch sind. Anschliessend tue ich sie in einen geräumigen Pappkarton (Bild S. 167; es kann natürlich auch eine grössere Schüssel o. ä. sein), ziehe ein Paar ausrangierte Nappaleder-Handschuhe an, meine «Teehandschuhe», und reibe die Kräuter zwischen den Händen ganz fein. Dabei sondern sich die Stengel ab, werden aussortiert und extra verwahrt. Wenn sich dann genügend

Kräuter und ihre Anwendungsmöglichkeit

Kraut	Käsegerichte	Fleisch	Fisch	Kartoffel-gerichte	Pizza	Quark	Salatwürze	Würzöl Würzessig	Speziell
Ackerminze		x				x	x	x	Minzsauce
Bärlauch	x	x	x	x	x	x	x	x	Wildbeize
Bärwurz	x	x		x	x	x	x	x	Spiegelei
Beifuss		x	x	x	x				Schmalz
Brunnenkresse						x	x		Butterbrot
Gundermann	x	x	x	x	x	x	x	x	
Majoran	x	x	x	x	x	x	x	x	Leberwurst
Sauerampfer			x	x		x	x		
Schafgarbe	x	x	x	x	x	x	x		Schmorgurken
Thymian	x	x	x	x	x	x	x	x	Wurst
Waldmeister						x	x		Bowle
Wiesenbärenklau	x	x	x	x	x	x	x		
Wiesenknopf	x			x	x	x	x	x	Grüne Sauce
Beeren									
Wacholderbeeren		x		x				x	Sauerkraut

angesammelt haben, koche ich sie mit wenig Wasser 15 Minuten aus, seihe ab und fülle diesen duftenden Auszug in eine interessante Flasche, um einen guten Schuss davon ins Badewasser zu tun (nur so kann man durch und durch zur Kräuterjule werden).

Die trockenen Würzkräuter werden in Schraubgläsern aufbewahrt.

Werden Trockenkräuter statt frischer verwendet, darf höchstens ein Drittel der im Rezept angegebenen Frischkräutermenge genommen werden. Was ich in den Rezepten immer Kräuterstreuwürze nenne, sind gemischt getrocknete Würzkräuter, die in einer Kaffeemühle gemahlen oder durch ein grobes Sieb gerieben wurden. Dadurch sind sie so fein, dass ein Streuer mit groben Löchern dafür benutzt werden kann.

Bei langer Lagerung können manche Kräuter an Aroma verlieren. Daher möglichst kleine Mengen ansetzen und jedes Jahr erneuern.

Lebersuppe

100 g Leber
1 Essl. Fett (Butter, Margarine, Schmalz)
1 Essl. Mehl · 1 Zwiebel
Salz und etwas Pfeffer · Fleischbrühe
2–3 Essl. frische Würzkräuter
(Thymian, Majoran, Bärwurz, Wiesenknopf,
Schafgarbe, Bärlauch, Beifuss, Gundermann)

Das Fett im Topf erhitzen, die kleingewürfelte Zwiebel anbraten, die feingeschabte Leber darin dämpfen. Mit dem Mehl bestäuben und die Fleischbrühe aufgiessen. Mit dem Salz und dem Pfeffer kurz aufkochen und durch ein Sieb rühren. Mit den gehackten Kräutern noch einmal aufkochen.

Mein grünes Aalsüppchen

Räucheraal · 1 Essl. Butter · 1 Essl. Mehl
etwas Salz · 1 Eidotter · ¼ Tasse Sahne
etwas Bärwurz frisch oder getrocknet

Bei diesem Rezept dürfen Sie den Aal zunächst essen und heben nur die abgezogene Haut, die Gräten, den Kopf und den Schwanz auf, aber auch ein paar kleine feine Streifchen Aalfleisch vom Rücken. In einem halben Liter Wasser werden Haut, Gräten, Kopf und Schwanz 20 Minuten leise gekocht. In einem Topf die Butter zergehen lassen, das Mehl darin schwitzen und nach und nach mit der abgeseihten Aalbrühe aufgiessen, nach Geschmack salzen und die Aalstückchen einlegen. In der Sahne das Eidotter verrühren und die vom Herd genommene Suppe damit legieren. Etwas Bärwurz darüberstreuen.

Dieses sehr aparte Süppchen kann auch aus geräucherten Forellen bereitet werden. Als Einlage eignen sich sehr gut in Butter geröstete kleine Weissbrotwürfel.

Kartoffelsuppe

Würstchen nach Bedarf
500 g mehlige Kartoffeln · 1 l Wasser
1 Möhre · ein Stück Sellerieknolle
1 Essl. Fett (Schmalz, besser Speckfett)
1 grosse Zwiebel · ½ Teel. Salz · etwas Pfeffer
2–3 Essl. gehackte Würzkräuter (Thymian,
Majoran, Bärwurz, Wiesenknopf, Bärlauch,
Gundermann, Schafgarbe, Beifuss, etwas
Minze)

Die geschälten Kartoffeln grob zerteilen und mit der kleingeschnittenen Möhre und dem Sellerie in dem Wasser schön weich kochen (etwa 25 Minuten) und zerquetschen oder mit einem Küchengerät pürieren. In der Pfanne das Fett erhitzen und die in feine Ringe geschnittene Zwiebel darin braun braten und in die Suppe geben. Mit dem Salz und etwas Pfeffer würzen und die Kräuter einmal darin aufkochen. Die Würstchen einlegen und heiss werden lassen.

Gewürzkräutersuppe

1–2 Essl. Butter · 1 Essl. Mehl · Salz
½ l Fleischbrühe
2–3 Essl. gehackte frische Würzkräuter
(Bärlauch, Bärwurz, Thymian, Majoran,
Gundermann, Wegerich, Löwenzahn,
Sauerampfer)
etwas Milch · 1 Ei

Die Butter im Topf erhitzen und das Mehl darin schwitzen, zunächst mit wenig Fleischbrühe glattrühren und dann den Rest zugeben, das Salz und die gehackten Kräuter zufügen und aufkochen. Die Hitze abschalten und mit dem in der Milch verrührten Eidotter legieren.

1862 wurde diese Suppe über gerösteten Semmelscheiben, Blumenkohl, Spargel, Semmelklösschen oder verlorenen Eiern angerichtet. Man könne auch, so wurde empfohlen, Hühner- oder Taubenmagen hineintun.

Bechamelkartoffeln

500 g gekochte Kartoffeln
etwas durchwachsener Speck, Schinken
oder Räucherwurst · 1 Tasse Milch
1 Tasse Fleischbrühe
1 Essl. Fett (Schmalz, Margarine)
1 grosse Zwiebel · 2 Essl. Mehl
½ Tasse Sahne · ½ Teel. Salz · etwas Pfeffer
3 Essl. gehackte Würzkräuter (Thymian,
Majoran, Gundermann, Bärwurz, Bärlauch,
Schafgarbe, Wiesenknopf)

Das Fett im Topf erhitzen, den gewürfelten Speck oder Schinken oder die in feine Streifen geschnittene Räucherwurst und die gehackte Zwiebel darin anbraten, mit dem

Mehl bestäuben, gut durchrühren und zunächst mit wenig Fleischbrühe glattrühren, dann den Rest davon und die Milch dazugeben, mit dem Salz und dem Pfeffer würzen, die gehackten Kräuter unterrühren, aufkochen. Zum Schluss die Sahne untermischen und die in Scheiben geschnittenen Kartoffeln in der Sauce erwärmen.

Abwandlung: Die Sahne zum Schluss nicht in die Sauce geben, sondern mit 2 Eiern verquirlen und über die Bechamelkartoffeln giessen, Reibkäse daraufstreuen, mit Butterflöckchen besetzen und im Backofen hellbraun backen.

Kartoffelauflauf

500 g gekochte Kartoffeln · 50 g Butter
½ Teel. Salz · 3 Eier
2 Essl. geriebene Semmeln
3 Essl. gehackte Kräuter (Bärenklau,
Schafgarbe, Wegerich, Sauerampfer,
Wiesenknopf, Bärlauch, Gundermann, je 1–2
Zweiglein Thymian und Majoran).

In einer grösseren Schüssel die Butter mit den Eidottern schaumig rühren, die Kartoffeln daranreiben und mit dem Salz, den geriebenen Semmeln und den Kräutern gut vermengen. Zum Schluss das zu Schnee geschlagene Eiweiss darunterheben und die Masse in eine gefettete Auflaufform füllen. Im Backofen goldbraun backen (etwa ½ Stunde).

Abwandlung: Vor dem Backen kann Reibkäse aufgestreut werden.

Eier in Kräutersauce
kalt

Hartgekochte Eier nach Bedarf, 3 Stück extra
für die Sauce · 1 Essl. Öl · 1 Essl. Senf
ein paar Sardellen oder Sardellenpaste
1 kleine Zwiebel
1–2 Essl. gehackte Würzkräuter (Bärlauch,
Bärwurz, Thymian, Majoran, Gundermann,
Wiesenknopf, Schafgarbe, Bärenklau,
Wegerich, Löwenzahn)
evtl. etwas Salz und Pfeffer und etwas Milch

Drei hartgekochte Eier durch ein Sieb rühren oder mit dem Küchengerät pürieren, mit dem Öl, dem Senf, den feingehackten Sardellen oder der Sardellenpaste, der feingewürfelten Zwiebel und den gehackten Kräutern gut verrühren, evtl. mit Salz und Pfeffer nachwürzen und mit etwas Milch verdünnen. Die Sauce auf die abgepellten halbierten Eier giessen, mit etwas Rot garnieren (Tomate, Radieschen, Paprika).

Diese aparte Komposition kann mit Buttertoast und Wildsalat eine komplette Abendmahlzeit darstellen.

Gefüllte Eier
für die kalte Platte

Hartgekochte Eier nach Bedarf · Butter · Salz
feingehackte Würzkräuter (Thymian, Majoran,
Gundermann, Brunnenkresse, Bärenklau,
Bärwurz, Schafgarbe)

Die Eier halbieren, die Dotter herausnehmen und in einer Schüssel mit der Butter, dem Salz und den feingehackten Kräutern gut verrühren. Die Masse wieder in die Eihälften füllen.

Abwandlung: Die Füllmasse kann noch angereichert werden mit Sardellen oder etwas Senf oder Kapern oder feingehackter Zwiebel.

Semmelknödel

4 trockene Brötchen oder trockenes Weissbrot
(oder fertiges Semmelbrot) · ¼ l Milch
2 Essl. gewürfelter durchwachsener Speck
½ Teel. Salz · 1 Ei
2–3 Essl. gehackte Würzkräuter (Thymian,
Majoran, Bärwurz, Schafgarbe, Gundermann,
Bärenklau, Wegerich, Löwenzahn)

Die grob zerteilten Brötchen oder Weissbrotscheiben mit der kochenden Milch übergiessen und weichen lassen, bis keine harten Stücke mehr darin sind. Den Speck ausbraten

und kurz in dem Fett die Kräuter anrösten, zu dem Brot geben und mit dem Salz und dem Ei gut durcharbeiten. Der Teig ist richtig, wenn er eben zusammenhält. Evtl. mit etwas geriebener Semmel festigen. Dann mit nassen Händen Knödel formen und in kochendes Salzwasser einlegen, ziehen lassen, bis sie oben schwimmen (etwa 10 Minuten).

Diese Kräuterknödel schmecken als Beilage zu Braten, Gulasch, Wildragout, Pilzen, aber auch in eine Kraft- oder Fleischbrühe eingelegt.

Grüne Schuhsohlen

500 g gekochte Kartoffeln · 1 Ei · 1 Essl. Mehl
etwas Salz · 1–2 Essl. gehackte Würzkräuter
(Thymian, Majoran, Gundermann, Schafgarbe,
Löwenzahn, Bärenklau)
Füllung nach Geschmack

Die gekochten Kartoffeln durch den Quetscher drücken oder mit einem Küchengerät reiben und mit dem Ei, dem Mehl, dem Salz und den feingehackten Kräutern zu einem Teig verkneten. Daraus etwa 1 cm dicke «Schuhsohlen» (Grösse 26–28) formen und auf ein gefettetes Backblech setzen. Eine Fülle nach Geschmack daraufstreichen: geschmorte Pilze mit ein paar Käsestreifen darüber oder hauchdünne Scheiben durchwachsener Speck, kurz mit Zwiebelringen angebraten, oder Tomatenscheiben mit Pfeffer und Salz bestreut oder gekochte kleingeschnittene Fleischreste mit etwas Sauce oder Kochschinkenwürfel mit Käsestückchen gemischt und einige Oliven dazwischen, oder was Sie gerade so stehen haben, mit geriebenem Käse bestreut und mit Butterflöckchen besetzt. Im Backofen goldbraun backen.

Pizza
für 4 Personen

300 g Mehl · 2 Essl. Schmalz
15 g Hefe · etwas Salz · ½ Tasse Wasser
für die Füllung nach Geschmack:
Tomaten · Schinken (roh oder gekocht)
Räucherwurstscheiben · Käse · Zwiebelringe
Sardellen · Oliven · Reibkäse · 1 Essl. Butter
reichlich Kräuterstreuwürze oder frische
Würzkräuter

Das Mehl in eine grosse Schüssel oder auf den Arbeitstisch schütten. Eine Mulde hineindrücken, die zerbröckelte, in etwas lauwarmem Wasser gelöste Hefe hineingeben und gehen lassen. Dann mit einer guten Prise Salz und dem Schmalz zu einem geschmeidigen Teig kneten, wieder gehen lassen. Den Teig dünn ausrollen, einen kleinen Rand hochziehen und mit Kräuter- bzw. Mousseronöl einpinseln und mit den in dünne Scheiben oder feine Streifen geschnittenen Zutaten Ihrer Wahl belegen. Butterflöckchen daraufsetzen, mit Gewürzkräutern bestreuen und im Backofen hellbraun backen (etwa 25 Minuten).

Saure Kartoffeln

500 g gekochte Kartoffeln
dunkle Grundsauce
1 Essl. Essig · Salz · Pfeffer
1 Essl. gehackte Würzkräuter (Majoran,
Thymian, Gundermann, Schafgarbe, Beifuss)
1 Lorbeerblatt · 3–4 Pimentkörner

Die dunkle Grundsauce mit dem Essig, dem Salz und dem Pfeffer, den Kräutern, dem Lorbeerblatt und den Pimentkörnern 5 Minuten kochen und die in Scheiben geschnittenen Kartoffeln daruntermischen. Hitze abschalten, 10 Minuten durchziehen lassen.

Abwandlung: Es können Kapern oder eine kleine gewürfelte saure Gurke untergemischt werden. Die sauren Kartoffeln werden lauwarm mit verlorenen Eiern oder Spiegeleiern, mit Hackfleischklösschen oder Bouletten gegessen.

Hammelbraten

*Ein grösserer Hammelbraten von der Schulter
oder aus der Keule · 2 Essl. Öl · 1 Zwiebel
1 Teel. Salz · etwas Pfeffer
ein Kräutersträusschen frisch oder getrocknet
(Thymian, Majoran, Gundermann, Schafgarbe,
Bärwurz, Beifuss) · für die Sauce 1 Essl. Mehl*

In der Bratpfanne das Öl gut erhitzen und den
Braten von allen Seiten anbraten, pfeffern
und salzen, 1 Tasse heisses Wasser darangiessen, die Zwiebel und das Kräutersträusschen
in den Sud legen und den Braten im Backofen
unter häufigem Begiessen mit der Sauce garen und mittelbraun werden lassen (etwa 2
Stunden). Er kann auch im Römertopf oder
im Schnellkochtopf bereitet werden. Das
Kräutersträusschen herausnehmen und den
Bratensaft mit dem in etwas Wasser verrührten Mehl binden.

Hasentopf

*1 Hase (wild oder zahm) · 50 g fetter Speck
1 Tasse Fleischbrühe · 1 Zwiebel
½ Lorbeerblatt · 1 guter Schuss Rotwein
1 Essl. Tomatenketchup
1 Essl. Johannisbeergelee oder säuerliche
Marmelade · Salz · einige Pfefferkörner
1 Kräutersträusschen (Thymian, Majoran,*

*Bärlauch, Bärwurz, Wiesenknopf, Schafgarbe,
Gundermann, Beifuss)
für die Sauce 1 Essl. Mehl*

Den zerteilten Hasen (Keulen und Vorder-
läufe ausgelöst, Rücken ein- bis zweimal ge-
teilt) mit dem in feine Streifen geschnittenen
fetten Speck, der grob gewürfelten Zwiebel,
dem Lorbeerblatt und dem zusammenge-
bundenen Kräutersträusschen in den
Schmortopf legen, salzen, die Pfefferkörner,
das Tomatenketchup und das Johannisbeergelee dazugeben und die Fleischbrühe sowie
den Rotwein darangiessen. Schmoren, bis das
Fleisch weich ist. Den Kräuterstrauss herausnehmen und die Sauce mit dem Mehl binden.

Dazu passen wunderbar die Semmelknödel von Seite 154 sowie Preiselbeeren (S.
203).

Abwandlung: Rehfleisch kann nach dem
gleichen Rezept verarbeitet werden.

Fischschüssel

*Pro Person 1 Fischfilet (frisch geschnitten
vom Dorsch oder Heilbutt) · 1 Zitrone · Salz
frische Würzkräuter (Salbei, Majoran,
Thymian, Bärwurz, Gundermann,
Schafgarbe, Minze, Beifuss)
2 Essl. Butter · ein Schuss Weisswein*

Jedes Fischfilet mit Zitronensaft beträufeln,
salzen und mit reichlich gehackten Würz-

kräutern gleichmässig bestreuen, aufrollen und nebeneinander in den Schmortopf legen, noch ein paar Kräuter darüberstreuen, Butter darauf verteilen und mit dem Schuss Weisswein 15 Minuten leise kochen. Dazu schmeckt Reis sehr gut.

Abwandlung Nr. 1: Die Fischfilets wie oben vorbereiten und aufgerollt in eine feuerfeste gefettete Form legen, in einer halben Tasse Sahne 2 Eier gut verquirlen und darübergiessen, Butterflöckchen aufsetzen und im Backofen bei guter Hitze ca.½ Stunde garen.

Abwandlung Nr. 2: In den vorbereiteten Römertopf pro Person 1 Essl. Reis geben, für jeden Essl. Reis ¹/₃ Tasse Wasser oder Fleischbrühe angiessen, leicht salzen, die Fischrollen darauflegen, nochmals mit Kräutern bestreuen, Butterflöckchen aufsetzen und 1 Stunde im Ofen garen.

Forelle mit Sträusschen

Pro Person 1 Forelle
1 Zitrone · Salz · etwas Butter oder Öl
Würzkräuterzweiglein (Salbei, Gundermann,
Minze, Schafgarbe, Bärenklau)

Jede Forelle (ausgenommen und gut gewaschen) innen und aussen salzen und mit Zitro-

nensaft beträufeln, in den Bauch je 1–2 Blättchen der angegebenen Kräuter einlegen und jede für sich in gefettete Alufolie einwickeln, ½ Stunde bei 250 Grad im Backofen garen.

Schneckenbouillon

Grosse Weinbergschnecken im Mai/Juni
gesammelt (auf 1 l Wasser etwa 20 Stück)
1 Sträusschen Gewürzkräuter (Salbei
Thymian, Majoran, Gundermann, Schafgarbe,
Bärenklau) · Wasser · Salz

Die gesammelten Schnecken in einem gut bedeckten Gefäss (Eimer mit Holzbrett drauf) 2–3 Tage lang kühl stehen lassen, damit sie auskoten. Dann abwaschen und in reichlich kochendes Salzwasser werfen, kurz ziehen lassen, abgiessen. Das Schneckenfleisch mit der Gabel herausholen, vom Darmende befreien und gut mit Salz abreiben, damit der Schleim abgeht. Klarwaschen und mit dem Wasser, dem Salz und den Kräutern 2–3 Stunden kochen, bis sie weich sind. Das Kräutersträusschen herausheben und ein paar frische Kräuter einstreuen.

Abwandlung: Als Schnecken-Cremesuppe zum Schluss 1–2 in etwas Sahne verrührte Eidotter unterrühren, nicht mehr kochen, evtl. mit etwas geriebener Muskatnuss würzen.

Tip: Das fertig gekochte Schneckenfleisch kann auch wie Fleisch – zweckmässig in recht kleinen Gläsern – eingeweckt werden (90 Minuten bei 100 Grad oder sehr praktisch im Schnellkochtopf, wie Pilze S. 240).

Schnecken aux fines herbes

Pro Person 6–12 Schnecken (Vorspeise oder Hauptgericht) · Kräuterbutter

Die Schnecken wie hievor beschrieben zurichten und weichkochen. Inzwischen die leeren Häuschen gründlich waschen und mit etwas Soda oder Geschirrspülmittel ½ Stunde auskochen, abbürsten, nachspülen und zum Trocknen legen. Jeweils etwas Kräuterbutter in das Häuschen geben, ein Schneckenfleisch hineindrücken und mit Kräuterbutter zustreichen. Die gefüllten Schnecken mit der Öffnung nach oben in ein Schneckenpfännchen (aus Stahl oder Steingut) im sehr heissen Backofen erhitzen, bis das Fett brutzelt.

Dazu reicht man frisches Toast- oder Weizenbrot, womit die köstliche Kräuterbutter aufgetunkt werden kann und darf.

Abwandlung: Die Kräuterbutter kann mit sehr fein geriebenen Semmeln vermischt werden, die dann im Backofen obenauf braun werden sollen.

Tip: Die Schneckenhäuschen nicht wegwerfen, sondern auswaschen und trocken aufbewahren für das nächste Schneckenessen.

Kräuterbutter

Frische Butter · reichlich frische Kräuter (Bärlauch, Bärwurz, Thymian, Majoran, Bärenklau, Schafgarbe, Gundermann) wenn kein Bärlauch vorhanden 1 Knoblauchzehe etwas Salz

Die Butter mit etwas Salz und den sehr fein gehackten Kräutern gut verrühren, im Kühlschrank fest werden lassen. Diese Kräuterbutter wird ausser zu Schnecken, wo sie zum Rezept gehört, auch zur Verfeinerung von gebratenen Steaks, Pilztoast, gebackenen Blutreizkern usw. verwendet.

Fines Herbes
von vor über 100 Jahren

1 Tasse feingehackte Gewürzkräuter (Thymian, Majoran, Beifuss, Bärlauch, Bärwurz, Schafgarbe, Gundermann, Salbei) 1 Lorbeerblatt · 3 Essl. Butter · 1 Zwiebel

Die feingehackten Kräuter, die möglichst fein gewürfelte oder geriebene Zwiebel, das

Lorbeerblatt und das Fett in einem Topf gut durchprasseln. Die Kräuter dürfen nicht braun oder hart werden. Das Lorbeerblatt herausnehmen. Erkaltet kann diese Masse 8 Tage aufbewahrt und als Würze zu Saucen und Suppen gebraucht werden.

Schmalz Hausmacherart

(ist noch besser als Gutsherrenart; diese konnten zu meiner Zeit besser reiten als Schmalz auslassen)

1 kg Flomen (Schweineliesen · Schweinefett)
2 grosse Zwiebeln
ein paar Zweiglein Majoran, Thymian
und Beifuss

In einem geräumigen Topf bei mittlerer Hitze das Schweinefett, das man sich gleich vom Metzger durch den Fleischwolf drehen lässt, erhitzen und die grob geschnittenen Zwiebeln sowie die Gewürzkräuter dazugeben. Das Fett brutzeln lassen, bis die Zwiebeln kräftig gebräunt sind. Durch ein Sieb in den Schmalztopf laufen lassen.

Wenn man die Rückstände (ohne Kräuterzweige) mit Apfelstücken durchbrät, erhält man Apfelgrieben, die heiss auf einer Scheibe trockenem Brot gut schmecken.

Gedämpfte Koteletts

Pro Person 1 Kotelett (Rücken oder Nacken)
Salz und Pfeffer · 1 Zwiebel
Gewürzkräuter (Thymian, Majoran, Beifuss,
Bärwurz, Gundermann)
Butterflöckchen · Wasser
etwas Mehl für die Sauce

In einem schmalen höheren Topf werden die Koteletts übereinandergeschichtet, und zwar 1 Scheibe Fleisch, Salz und Pfeffer, ein paar Zwiebelscheiben, gehackte Kräuter und wieder dasselbe, bis alle Fleischscheiben, mit Würze versehen, aufgetürmt sind. Dann etwas Wasser (½ Tasse) dazugiessen, Butterflöckchen verteilen und etwa 45 Minuten dämpfen, bis das Fleisch weich ist. Die Sauce mit Mehl binden.

Dazu schmeckt besonders gut Kartoffelbrei.

Abwandlung: Auf jedes Kotelett erst etwas Senf streichen. Dieses Gericht kann auch im Schnellkochtopf und im Römertopf zubereitet werden.

Cordon vert

Pro Person 1 Kalbsschnitzel und
1 Scheibe rohen oder gekochten Schinken
für jedes Schnitzel 1 Essl. Kräuter-
butter (S. 158) oder Fines Herbes (S. 158)
Salz und Pfeffer · Bratfett

Die Kalbsschnitzel vom Fleischer als Tasche
zurichten lassen, von innen und aussen salzen
und pfeffern, die Kräuterbutter oder Fines
Herbes und den gewürfelten Schinken in die
Taschen füllen und diese mit einem Zahnsto-
cher oder einer Rouladennadel zustecken.
Von beiden Seiten jeweils 6–7 Minuten bei
mittlerer Hitze in der Pfanne braten.

Abwandlung: Statt Schinken kann auch
eine Scheibe geeigneter Käse (Scheibletten)
eingelegt werden.

Kalbsrollen

Pro Person 1 Kalbsschnitzel · 1 Zwiebel
frische Gewürzkräuter (Thymian, Majoran,
Bärwurz, Schafgarbe, Gundermann, Bärlauch)
Salz und Pfeffer · Bratfett · etwas Mehl
½ Tasse Wasser

Grosse dünne Kalbsschnitzel salzen und pfeffern, mit der gewürfelten Zwiebel und den
gehackten Kräutern gleichmässig belegen,
aufrollen und mit einem Faden zusammenhalten. Im Schmortopf in heissem Fett von allen Seiten anbraten, mit etwas Mehl bestäuben und mit dem Wasser gar schmoren (etwa
30 Minuten). Die Sauce binden und abschmecken.

Kräutermayonnaise
einfach

2 Essl. Mayonnaise
1 Essl. Gewürzkräuter (Thymian, Majoran,
Bärwurz, Schafgarbe, Gundermann, Bärlauch)

Die Mayonnaise mit den feingehackten
Kräutern gut mischen.

Kräuterremoulade

3 Eidotter · 1 Essl. Butter · 1 Essl. scharfer Senf
1 Apfel · 1 kleine Zwiebel
1 kleine Gewürzgurke · 3 Essl. Öl
1 Essl. Wein- oder Obstessig · 1 Teel. Zucker
Gewürzkräuter (Thymian, Majoran, Bärwurz,
Schafgarbe, Bärenklau, Gundermann)
evtl. etwas Milch zum Verdünnen

Die Butter mit den Eidottern schaumig rühren und mit dem Senf, dem Apfel und der

Gurke, dem Öl, dem Essig, dem Zucker und den gehackten Kräutern gut vermischen.

Abwandlung: Zusätzlich mit Curry oder gehackten Sardellen würzen.

Vinaigrettesauce
kalt

*2 Essl. Öl · 2 Essl. Wein- oder Obstessig
1 kleine Zwiebel · 1 Gewürzgurke
1 gekochtes Ei · 1 Essl. Kapern
Salz und Pfeffer · 1 Teel. Zucker
1–2 Essl. gehackte Gewürzkräuter
(Thymian, Majoran, Bärwurz, Bärenklau,
Schafgarbe, Salbei, Gundermann)
etwas Wasser*

Die Zwiebel, die Gurke und das Ei werden fein gehackt und mit dem Öl, dem Essig, den Kräutern, dem Salz, dem Pfeffer und dem Zucker gut verrührt, dann die Kapern unterheben. Wenn nötig mit etwas Wasser verdünnen.
Die Sauce wird kalt zu Fleischsülze, Kalbskopf, Steak usw. gereicht.

Kräuterkäse

*1 Ecke Schmelzkäse
1 Eidotter oder etwas Sahne
1 Essl. gehackte Kräuter (Thymian, Majoran,
Bärwurz, Bärenklau, Schafgarbe, Gundermann)*

Den Schmelzkäse mit dem Eidotter oder der Sahne und den Kräutern gut verrühren.

Abwandlung: Etwas Senf oder Tomatenmark oder Paprikapulver dazugeben.

Kräuteressig

*Weinessig
getrocknete Gewürzkräuter (Thymian, Beifuss,
Majoran, Bärwurz, Gundermann, Minze)
frische Kräuter (3 Bärlauchblätter oder
1 Bärlauchzwiebel)*

Den Essig in eine weithalsige Flasche füllen und die getrockneten und frischen Gewürzkräuter hineinstecken. Nach 14 Tagen gebrauchsfertig zum Marinieren von Fleisch (Sauerbraten, Herz, Lunge), zu Saucen und Salaten.

Abwandlung: Um den Würzessig noch pikanter zu gestalten, können 1 Lorbeerblatt, Pfefferschote, Zitronenschale und ein paar Pimentkörner zugefügt werden.

Kräuterwürzöl

Bild Seite 163

*Feines Speiseöl oder ein Kernöl
getrocknete Gewürzkräuter (Thymian,
Majoran, Gundermann, Beifuss,
Minze, Bärwurz) frische Gewürzkräuter
(Bärlauchblatt oder -zwiebel)*

Das Öl in eine weithalsige Flasche füllen und
die getrockneten und frischen Gewürzkräuter hineinstecken. Nach 14 Tagen gebrauchsfertig. Da die frischen Kräuter viel Feuchtigkeit enthalten, nimmt man, wenn es geht, getrocknete.

Deutsche Kapern

*Etwas Würzessig
Brutknöllchen von Scharbockskraut (siehe
Pflanzenbeschreibung S. 47) oder feste Knospen
von Löwenzahn*

Den Essig zum Kochen bringen, die Brutknöllchen oder Knospen kurz darin ziehen lassen. Nach dem Auskühlen, mit dem Essig bedeckt, in Schraubgläser füllen und im Kühlschrank verwahren.

Knoblauchbrot

*Pro Person 1–2 Scheiben Weissbrot
für 2 Scheiben Brot 1 Essl. frische Butter
3 Essl. feingehackte Bärlauchblätter und
-zwiebeln*

Die Butter mit dem Bärlauch gut verrühren und auf die Weissbrotscheiben streichen. Entweder mit der Butterseite in die Pfanne legen und von beiden Seiten hellbraun braten oder bei einer grösseren Menge die Scheiben auf ein gebuttertes Backblech setzen und im Backofen überbacken, bis sie obenauf etwas bräunen (10–15 Minuten).

Abwandlung: In letzterem Falle können geriebene Semmeln vor dem Überbacken aufgestreut werden, die dann, mit der Kräuterbutter vermengt, schön knusprig werden.

Knoblauchbrot kann man zu Steaks essen und auch, wozu man Lust hat, auf jeden Fall gehört es zur echten Bouillabaisse (Fischsuppe).

Minzwhisky

für 4 Personen

*Bourbon-Whisky
6–8 Pflanzenspitzen frischer Minze
1 Essl. Puderzucker · Eiswürfel*

Kräuterwürzöl (Rezept Seite 162)

In einem Barbecher den Puderzucker und die frischen Minzespitzen mit zerkleinerten Eiswürfeln und 4 Portionen Whisky gut schütteln, Cocktailsieb vorhalten und in die Gläser füllen. In das Getränk können zur Dekoration und Geschmacksverfeinerung einige Minzeblättchen hineingegeben werden.

Mein Lieblingsquark

Bild Seite 147

½ Pfund Quark (noch lieber nehme ich Schicht-oder Frischkäse, diese sind kerniger)
1 Prise Salz
2 Essl. gemischte Kräuter (Bärwurz,
Minze, Löwenzahn, Wegerich, Frauenmantel,
Schafgarbe, Bärenklau, Wiesenknopf, Sauerampfer, Brunnenkresse, 2–3 Blättchen Gundermann, je 1 Zweiglein Thymian und Majoran)
1 Essl. Öl, es kann hier Leinöl sein

Den Quark mit dem Salz, den feingehackten Kräutern und dem Öl gut vermischen. Wenn Schicht- oder Frischkäse verarbeitet wird, mit etwas Milch oder Sahne verdünnen.
Schmeckt köstlich auf Butterbrot!

Abwandlung: Das spitze, dunkelgrüne Ende der Salatgurke, das meistens weggeworfen wird, und Rippen von Kopfsalat oder Chinakohl, feingehackt unter den Quark gemischt, geben ihm noch etwas bissfeste Herzhaftigkeit. Scheibchen von jungen Radies-chen oder Rettich erfüllen den gleichen Zweck, 1 kleine Zwiebel kann auch nicht schaden.
Für diesen Quark gehe ich meilenweit – um die Kräuter zu holen!

Schneller Toast

Pro Person 2 Scheiben Toastbrot
(es schmeckt auch Graubrot oder Mischbrot)
und 2 Scheiben Toastkäse (Scheibletten)
für 2 Scheiben Brot 1 Essl. Butter
1 Teel. frische gehackte Kräuter (Schafgarbe,
Bärenklau, Gundermann, Frauenmantel,
Wegerich, Beifuss, wenig Thymian und
Majoran)

Die Butter in der Pfanne zergehen lassen, die Brotscheiben darin anbraten. Wenn sie hellbraun sind, umwenden, Hitze abschalten, Scheibletten auf die Brote legen, Kräuter draufstreuen und ein paar auch daneben in das Fett, Deckel auflegen.
Nach 3 Minuten (vielleicht auch schon nach zwei) ist alles fertig. Den Käsetoast auf einen Teller schieben und die Kräuter aus der Pfanne schön auskratzen und noch darüber verteilen.

Abwandlung: «Strammer Kräutermax». Statt Käse gekochten Schinken auflegen, in einer zweiten Pfanne Spiegeleier bereiten, die mit den frischen Kräutern bestreut werden, und auf den fertigen Toast legen.

Teekräuter

Verwendung

Viele von uns mit Bedacht zusammengestellte Gemüse- und Gewürzkräuter können frisch oder getrocknet gleichzeitig als wohlschmeckender Haustee oder wegen der besonderen Wirkstoffe als Heiltee gebraucht werden.

Für Tee geeignete Kräuter und Pflanzen

Brennessel, Brombeerblätter, Brunnenkresse, Holunderblätter und -blüten, Schlehdornblüten, Wacholderspitzen, Löwenzahnblätter und -blüten, Beinwell, Erdbeerblätter, Fichtensprossen, Gundermann, Himbeerblätter, Huflattich, Walnussblätter, Schafgarbe, Wegerich, Knöterich, Salbei, Beifuss, Bärlauch, Minze, Thymian, Majoran.

Die Pflanzensteckbriefe sagen, wogegen die Kräuter jeweils wirken, und die Rezepte für Teemischungen auf der Seite 168 ermöglichen eine gezielte Anwendung. Geschmacksverbessernd bei einem sonst faden Tee sind: Minze, Kamille, Holunderblüten, Löwenzahnblüten, Pfefferminze, Fichte, Fenchel und Waldmeister. Schädlich ist keines der Kräuter.

Das Trocknen empfiehlt sich bei ganzen Pflanzen (blühende Pflanze mit Stiel und Blättern, ohne Wurzel) in locker gebundenen, luftig aufgehängten Sträussen. Einzelne Blätter oder Blüten werden am besten auf Papier auf der warmen Heizung ausgelegt. Nur zum eventuellen Nachtrocknen sollte man sie kurz in den weit offenen Backofen bei 50 Grad einschieben. Ich stelle sie mitsamt meinem «Teekarton» (Tip S. 150, Foto S. 167) 10–15 Minuten hinein, wenn ich sie anschliessend rebeln und wegstellen will. Die Aufbewahrung erfolgt am besten in Schraubgläsern dunkel im Schrank.

Tee kann man gegen Durst trinken oder weil er schmeckt, aber er kann auch zur Vorbeugung oder bei gewissen Erkrankungen angewandt werden. Einzelne oder wenige Male wiederholte Teeverabreichungen können höchstens bei Magen- und Darmbeschwerden und evtl. bei Verstopfung gleich helfen, sonst muss eine Teekur über längere Zeit, mindestens 4–6 Wochen erfolgen, wenn sich eine Besserung zeigen soll.

Grundsätzliches über die Teezubereitung

Tee kann aus frischen Kräutern (z. B. Minze) oder aus getrockneten zubereitet werden. Bei frischen wird man einige Zweiglein nehmen, bei getrockneten gilt immer, wenn nicht anders angegeben, ein Teelöffel voll auf eine Tasse Wasser. In die angewärmte Kanne wird die notwendige Menge Teekräuter gegeben und mit frisch kochendem Wasser übergossen, 10 Minuten ziehen lassen, abseihen. Wenn gesüsst werden soll, möglichst mit Honig. Tee kann heiss, warm oder auch kalt getrunken werden, ohne seine Wirkung zu verlieren. Wird eine Teekur von 3 × täglich 1 Tasse durchgeführt, wird man bequemlichkeitshalber die Tagesmenge auf einmal kochen und später die jeweilige Ration kalt trinken oder erwärmen. Trinken heisst nun aber nicht, dass man die notwendige Menge in sich hineinschüttet, sondern dass der Tee langsam in kleinen Schlückchen genommen wird. Das richtige Einnehmen ist ein Teil des Erfolges!

hoffe immer, dass er mir diese Misshandlung die kurze Zeit nicht verübelt. Der Tee fängt bald an, köstlich fruchtig zu duften und wird nach 4 Tagen zum völligen Trocknen ausgelegt. Er kann dann mit dem schwarzen Tee durchaus konkurrieren und übertrifft manche Sorte davon an Wohlgeschmack. Dieses Rezept ist unbedingt einen Versuch wert!

Abwandlung: In die Blättermasse die Schale von ungespritzter Zitrone, Apfelsine oder Mandarine mischen.

Tee fermentieren

Brombeerblätter · Himbeerblätter
auf die Mischung kommt es nicht so genau an
(Brombeerblätter stopfen leicht)

Die Blätter auslegen und anwelken lassen. Dann zwischen den Händen (Handschuhtip S. 150, denn sie stechen), tüchtig rebeln oder mit dem Nudelholz walzen, mit lauwarmem Wasser besprengen und als gut zusammengedrückte Masse in ein Geschirrhandtuch o. ä. fest einwickeln. Auch von aussen besprengen und in Plastikfolie einschlagen. An einem möglichst gleichmässig warmen Plätzchen 3–4 Tage gären lassen. Wenn die Heizung nicht in Betrieb ist, lege ich das Paket auf das Wärmeaustrittgitter des Kühlschranks und

Haustee
zum täglichen Gebrauch

10 Teile Himbeerblätter
2 Teile Brombeerblätter
5 Teile Erdbeerblätter
1 Teil Wacholderbeeren

Mein persönlicher Haustee

Er besteht, weil er besser schmeckt und für alles gut ist, aus: Löwenzahnblüten und -blättern, Schafgarbeblüten und -blättern, Holunderblüten und -wipfeln, Pfefferminze, Waldmeister, Huflattichblättern, Brombeer- und Himbeerblättern, Fichtenspitzen und Gundermann. Dann weiss ich, ein bisschen entwässere ich und reinige mein Blut, ein bisschen führe ich ab, ein bisschen rege

Kräutersträusse zum Trocknen
Ansätze mit Alkohol · Aufbewahrung von Kräutern und Pilzen · Flasche mit Gärverschluss
Pilze zum Trocknen · Teekarton mit Arbeitshandschuhen

ich Niere, Galle und ein paar Triebe an, und ein bisschen schlafe ich ein. Was will ich mehr?

Meine Tochter brachte das auf die Kurzform: pipi-kack-heia-heia!

Heiltees

Es werden nur einige Beispiele gegeben aus den Pflanzen dieses Buches. In Heilpflanzenbüchern wird man noch viele Variationen mit weiteren Kräutern finden.

Harntreibend: Brennessel, Brombeerblätter, Brunnenkresse, Holunderblätter, Majoran, Schlehdornblüten, Wacholderbeeren, Löwenzahnblätter und -blüten.

Blutreinigend: Beinwell, Brennessel, Brombeerblätter, Brunnenkresse, Erdbeerblätter, Fichte, Gundermann, Himbeerblätter, Holunderblätter, Huflattich, Löwenzahnblätter und -blüten, Walnussblätter, Hagebutten, Schafgarbe, Wegerich, Knöterich, Wacholderbeeren.

Bei Rheumatismus: Brennessel, Fichte, Himbeerblätter, Preiselbeeren, Majoran, Thymian, Hagebutten, Salbei, Schafgarbe, Schlehenblüten, Wacholderbeeren, Löwenzahn, Holunderbeeren.

Verdauungsfördernd: Schafgarbe, Walnussblätter, Beifuss, Schlehdornblüten.

Gegen Durchfall: Brombeerblätter, Heidelbeerblätter und getrocknete Heidelbeeren.

Nierentätigkeit anregend: Fichte, Holunderblätter, Schafgarbe, Himbeerblätter.

Galle anregend: Beifuss, Fichte, Bärlauch, Minze, Schafgarbe.

Appetitanregend: Löwenzahnblätter und -blüten, Salbei, Schafgarbe, Wacholderbeeren, Beifuss.

Schlaffördernd: Holunderblätter und -blüten, Thymian, Waldmeister, Beifuss.

Bei Husten: Fichte, Holunderblüten, Huflattich, Minze, Schafgarbe, Wegerich.

Magenstärkend: Himbeerblätter, Walnussblätter, Minze, Schlehdornblüten, Beifuss, Thymian, Wacholderbeeren, Brennessel, Majoran, Schafgarbe.

Schweisstreibend: Holunderblüten, Fichte, Gundermann, Himbeerblätter, Löwenzahnblätter und -blüten, Salbei.

Teebeeren

Teebeeren sollten sich alle Teeliebhaber trocknen. Sie sind nicht nur Vitaminspender oder heilwirksam, sondern bereichern auch das Teearoma um eine fruchtige Komponente. Geeignet sind: Hagebutten, Fliederbeeren, Heidelbeeren, Preiselbeeren, Schlehen. Zum Trocknen werden die Beeren in dünner Schicht auf dem Backblech in den Backofen geschoben und bei mindestens halb offener Tür sehr langsam getrocknet bei höchstens 50 Grad. Wenn sie schwitzen oder gar Saft abgeben, ist die Hitze zu gross. Aufbewahrung der trockenen Beeren im Schraubglas an einem dunklen Ort.

Tee mit Rumtopf-Früchten

Teegeniesser schätzen, zwischen einigen Schlückchen Tee eine Rumtopf-Frucht zu essen.

Eis-Tee

Pro Person 1–2 Kugeln Vanilleeis · etwas Sahne
1 Teel. fermentierter Tee (S. 166)
1 Weinbrand

Nach Vorschrift einen Tee bereiten, abseihen und im Kühlschrank sehr gut kühlen. In hohe Gläser jeweils den Weinbrand geben, den Tee zugiessen, das Eis einlegen und die geschlagene Sahne als Haube obenaufsetzen. Mit Strohhalm an heissen Tagen geniessen oder wenn Sie meinen, Sie hätten einen heissen Tag gehabt.

Teesirup
Bild Seite 171

10 Essl. Teekräuter (Löwenzahnblüten, Minze, Schafgarbe, Holunderblüten und -blätter, Fichte, Walnussblätter, Waldmeister, Huflattichblüten und -blätter usw.)
2 Tassen Wasser · 500 g Zucker
nach Geschmack Fenchelsamen aus der Apotheke, falls Sie nicht im Süden waren, wo er wild wächst

Das Wasser zum Kochen bringen, Hitze abschalten, die Teekräuter darin 10 Minuten ziehen lassen, abseihen, die Flüssigkeit mit dem Löffel aus den Rückständen herausdrücken. Den stark aromatischen Teesud mit 500 g Zucker zu Sirup kochen.

Im Schraubglas aufbewahrt. Dieser Sirup schmeckt gut auf Butterbrot. Wer Tee gern süss trinkt, dem kann dieser Sirup auch als Teekonzentrat dienen. 1 Teel. voll mit Wasser aufgegossen ergibt – kalt oder warm – jederzeit einen trinkfertigen Tee.

Kräuter-Rahmbonbons

Teesirup aus dem vorhergehenden Rezept
500 g Zucker · 2 Essl. Butter · ¼ l Sahne
100 g Puderzucker

In den kochenden Teesirup weitere 500 g
Zucker, die Butter und die Sahne geben und
unter gelegentlichem Umrühren bei nicht zu
starker Hitze dick einkochen. Hitze abschalten und den Puderzucker unterrühren. Auf
ein Backblech Alufolie mit etwas hochste-
hendem Rand ausbreiten, leicht ölen und die
dickflüssige Masse daraufgiessen. Kurz vor
dem Erstarren in Würfel schneiden. Einzeln
verpackt in Cellophan, halten sich diese Bon-
bons einige Wochen.

Teesirup (Rezept Seite 169)

BEERENKÜCHE

Grundsätzliches

Sind die Beeren an sauberen Plätzen gesammelt worden, ist das Waschen überflüssig. Bei den empfindlichen Himbeeren würde es zu Saftverlust führen und bei Walderdbeeren das Aroma verringern. Lediglich den festen Beeren (Preiselbeeren, Schlehen, Hagebutten) oder solchen mit widerstandsfähiger Aussenhaut (Holunder) schadet das Waschen nicht. Reife Beeren neigen schnell zu Schimmelbildung. Wenn sie also bis zum nächsten Tag aufbewahrt werden sollen, müssen sie kühl und luftig – kleine Mengen im Kühlschrank – lagern.

Um viele Rezeptwiederholungen zu vermeiden, finden Sie die Saftgewinnung und einige Grundrezepte am Anfang des Beerenkapitels und anschliessend dann artbedingte Spezialrezepte.

Saft kann auf verschiedene Weise gewonnen werden. Für **Rohsaft** muss das Beerengut zerquetscht oder zerkleinert und ausgepresst werden. Bei grossen Mengen wird die Obstpresse benutzt, für kleinere ein Tuch und Handdruck. Am bequemsten, saubersten und ergiebigsten geht es mit dem elektrischen Haushaltentsafter.

Kochsaft in kleinen Mengen, besonders für die sofortige Weiterverarbeitung zu Suppen oder Grützen, wird schnell gewonnen, indem die mit Wasser bedeckten Beeren einmal aufgekocht und durch ein Sieb (Durchschlag) gegossen werden. Wird jedoch, zum Beispiel für Götterspeise, ein ganz klarer Saft gewünscht, so muss ein Mulltuch in das Sieb eingelegt werden, das auch die feinsten Rückstände aufhält. Für etwas grössere Mengen kann man wie eh und je einen Küchenhocker mit den Beinen nach oben stellen, eine Schüssel hineinsetzen und ein Vierecktuch an die vier Stuhlbeine knüpfen. Man giesst die aufgekochte Beerenmasse darauf und lässt über Nacht den Saft ablaufen. Eine weitere Möglichkeit wäre: das Kochgut in einen Leinensack giessen und den Saft in eine Schüssel laufen lassen.

Dampfentsaftung ist moderner und einfacher, besonders für grosse Mengen zur Bevorratung für den Winter. Die Beeren werden mit zwischengestreutem Zucker nach Vorschrift in den oberen Behälter eingefüllt. Der Dampf des kochenden Wassers treibt den Saft aus den Beeren, der einfach durch den Schlauch kochendheiss in die sauberen Flaschen abgefüllt werden kann. Die Flaschen sofort verschliessen und kühl aufbewahren.

Schlehensaft wird auf besondere Weise gewonnen. Die Schlehen werden in ein Gefäss (Steintopf) gefüllt und mit kochendem Wasser übergossen. Dieser Saft wird am nächsten Tag abgenommen und noch einmal aufgekocht und wieder heiss über die Schlehen gegossen. Am dritten Tag erfolgt die gleiche Prozedur noch einmal, dann ist der

Saft am vierten Tag fertig und kann weiter verwendet oder, mit Zucker aufgekocht, in Flaschen gefüllt werden.

Gegorener Fruchtsaft. Dazu eignen sich alle Wildbeeren sortiert oder auch gemischt. Die möglichst sehr reif gepflückten Früchte zerquetschen (oder mit einer Küchenmaschine zerkleinern) und mit etwas Zucker (auf 1 kg Beeren 1 Esslöffel voll) in einem geeigneten Gefäss im geheizten Raum zum Gären aufstellen. Nach 3–4 Tagen den Saft durch ein Tuch ablaufen lassen (die Rückstände gut abpressen) und weitere 8–10 Tage zum Gären stellen. Dann den Saft durch ein Tuch in einen Topf filtrieren und mit Zucker (auf 1 l Saft ¾ kg Zucker) 2–3 Minuten kochen. Heiss in Flaschen füllen und verschliessen. Jahrelang haltbar.

Das Gären ist etwas umständlich, erhöht jedoch das Fruchtaroma erheblich. Bei säurearmen Früchten (Erdbeeren, Himbeeren, Heidelbeeren) wird dem Saft beim Kochen etwas Zitronensäure (2–3 g pro Liter) zugegeben.

Götterspeise verlangt einen sehr klaren Saft und soll, wenn sie fertig ist, zart zittern oder weich wackeln. Das erreicht man durch Gelatine nach Vorschrift.

Fruchtsuppe, an kühlen Tagen heiss genossen, erweckt den Verfrorenen zu neuem Leben, erheitert das Gemüt und schmeckt nach mehr. Dazu Beeren oder Saft mit Wasser und Zucker aufkochen, mit etwas Kartoffelmehl oder Weizenpuder leicht andicken, Schwemmklösschen oder Griessklösschen einlegen oder einfach Zwieback dazu.

Kaltschale wie Fruchtsuppe bereiten und gut kühlen. An heissen Tagen als Vorsuppe. Sie wird zum Hauptgericht, wenn Griesspudding oder Vanillepudding eingelegt werden.

Kompott sind Beeren mit Zucker und wenig Wasser kurz aufgekocht. Es wird ausgekühlt als Nachtisch gegessen oder zu Kaiserschmarrn, Omelette, Pudding und Ofennudeln gereicht.

Fruchtmus besteht aus Beeren, die mit wenig Wasser aufgekocht und durch ein Sieb gestrichen werden. Dazu eignen sich auch die Beeren, die giftige Kerne besitzen oder roh giftig sind (Schwarzer Holunder).

Beerenvorspeise. Rohe eingezuckerte Beeren etwas Saft ziehen lassen, mit Milch oder Sahne übergossen essen.

Rote Grütze kann aus Saft mit oder ohne Fruchteinlage hergestellt werden und darf trüb aussehen. Zum Andicken nimmt man Kartoffelmehl, Weizen- oder Maisstärke, Sago oder Griess. Mit Milch, Vanillesauce oder Schlagsahne eine Nachspeise oder an heissen Tagen ein Hauptgericht.

Allgemeine Beerenrezepte

Plinzenauflauf
für 4 Personen

2 Eier · 6 Essl. Mehl
etwas Wasser oder Milch
eine Prise Salz · Bratfett
300 g Fruchtmus und ein paar frische Beeren
(Himbeeren, Erdbeeren, Brombeeren, Sanddorn,
Heidelbeeren) · 1 Essl. Butter
Für die Eiermasse ¼ Tasse Milch · 4 Eier
1 Essl. Zucker · etwas Zimt
abgeriebene Zitronenschale · 1 Prise Salz

Die beiden Eier, das Mehl und das Wasser oder die Milch gut zu einem dickflüssigen Teig verrühren und in der Pfanne vier Eierkuchen davon ausbacken. Jeden einzeln mit einem Viertel des Fruchtmuses bestreichen und einige frische Beeren darauf verteilen, zusammenrollen. Die Rolle in vier Teile schneiden und alle hochkant nebeneinander in eine gefettete Auflaufform setzen. Butterflöckchen darüber verteilen. Die halbe Tasse Milch mit den 4 Eidottern, dem Zucker, dem Zimt, der abgeriebenen Zitronenschale und der Prise Salz gut verquirlen und mit dem zu Schnee geschlagenen Eiweiss mischen. Die Masse über die Plinzen füllen. Im vorgeheizten Backofen goldbraun backen und nach Geschmack noch mit etwas Zucker und Zimt bestreuen.

Köstlicher Reis
für 4 Personen

1 Tasse Rundkornreis (Milchreis)
2 Tassen Milch · ½ Tasse Wasser · etwas Salz
2 Essl. Butter · 2 Essl. Zucker
1–2 Eier · 2 Essl. geraspelte Nüsse
etwas abgeriebene Zitronenschale
zum Panieren 1 Ei · geriebene Semmeln
Kompott von Himbeeren, Erdbeeren,
Brombeeren oder Heidelbeeren oder eine
Fruchtsauce

Den Reis mit dem Wasser ankochen, die Milch und das Salz zugeben, alles wieder zum Kochen bringen und etwa 20 Minuten bei kleinster Hitze aufquellen lassen, bis der Reis weich ist. Die Butter und den Zucker unterrühren, auskühlen. Dann die Eier, die Nüsse und die abgeriebene Zitronenschale darunter mengen und aus dem Teig fingerdicke längliche Schnittchen formen oder die Masse auf einem grossen Brett fingerdick ausstreichen und nach dem Erkalten Rechtecke davon schneiden. Mit verquirltem Ei bestreichen und mit geriebener Semmel bestreuen. In der Pfanne in Butter von beiden Seiten hellbraun backen. Mit dem Kompott oder der Fruchtsauce als Nachtisch reichen.

Abwandlung: Statt Reis kann auch Griess genommen werden.

Frühstücksmüsli

Pro Person 1 Essl. Haferflocken (oder nach Geschmack andere Flockenprodukte)
ein paar frische Beeren (Himbeeren, Brombeeren, Erdbeeren, Heidelbeeren, Sanddorn, Rauschbeeren)
½ Essl. Honig oder Löwenzahn-Leckerli (S. 138)
1 Essl. gehackte Hasel- oder Walnüsse
1 Tasse Milch

In einem hübschen Schälchen oder tiefen Teller portionenweise die Haferflocken mit der Hälfte der Milch 10 Minuten einweichen, die vorhandenen Beeren, den Honig oder das Löwenzahn-Leckerli und die Nüsse leicht darunterheben, die restliche Milch dazugiessen.

Reisauflauf
für 4 Personen

200 g Rundkornreis (Milchreis) · 1 l Milch
1–2 Essl. Zucker · etwas Salz · 2 Eier
etwas abgeriebene Zitronenschale
1 Tasse Beeren (Erdbeeren, Himbeeren, Brombeeren, Heidelbeeren, Rauschbeeren)
1 Essl. Butter

Den Reis mit einer Prise Salz und dem Zucker in der Milch etwa 20 Minuten schwach kochen, bis er vollkommen aufgequollen und weich ist. Die Butter, die Eidotter und die abgeriebene Zitronenschale sowie die rohen Beeren in den Reis einrühren. Das Eiweiss zu Schnee schlagen und unter die Masse heben. Im vorgeheizten Backofen hellbraun backen.

Abwandlung: Diese Masse kann auch in der Puddingform (Bild S. 129) im Wasserbad bereitet werden, dann sollten 1–2 Eier mehr genommen werden.

Zu diesem Auflauf oder Pudding kann zusätzlich Beerenkompott, eine Fruchtsauce oder eine kräftige Vanillesauce gereicht werden.

Beerenauflauf
für 4 Personen

4 Essl. Butter · 8 Essl. Mehl · etwas Salz
1½ Tassen Milch · 3–4 Eier · 3 Essl. Zucker
1 Tasse Beeren (Erdbeeren, Himbeeren, Brombeeren, Heidelbeeren, Rauschbeeren)

Die Butter im Topf erhitzen, das Mehl darin schwitzen und mit der Milch nach und nach glattrühren, bis sich die Masse vom Topf löst. Etwas auskühlen lassen und das Salz, die Eidotter, den Zucker und die zerquetschten Beeren gut einrühren. Zum Schluss das zu Schnee geschlagene Eiweiss darunterheben und in der gefetteten Auflaufform im vorgeheizten Backofen goldbraun backen.

Abwandlung: Der Teig kann, mit 200 g Quark vermischt, auch in der gefetteten Puddingform (Bild S. 129) im Wasserbad eine Stunde gekocht werden.

Haferflocken-Beeren-auflauf
für 4 Personen

200 g Haferflocken · 2 Essl. Butter
2–3 Tassen leicht gezuckerte Beeren (Erdbeeren, Himbeeren, Brombeeren, Heidelbeeren, Rauschbeeren) · 2 Eier · 1 Tasse Milch
1 Essl. Zucker

Die Haferflocken mit 1 Essl. Butter in der Pfanne leicht anrösten. In die gefettete Auflaufform eine Lage Haferflocken, dann die gezuckerten Beeren und wieder Haferflocken einfüllen. Die Milch mit dem Zucker und den Eiern gut verquirlen, darübergiessen und Butterflöckchen aufsetzen. Im vorgeheizten Backofen goldbraun backen.

Quarkschmarrn mit Kompott

Pro Person 1 Ei · 1 Essl. Quark · 3 Essl. Mehl etwas Milch · 1 Teel. Zucker · etwas Salz Bratfett (Butter, Margarine) · Puderzucker zum Bestreuen und Beerenkompott nach Geschmack

Die Eier, den Quark, das Mehl, das Salz, den Zucker und die Milch zu einem dickflüssigen glatten Teig verrühren. Reichlich Butter oder Margarine in der Pfanne erhitzen und den gesamten Teig hineingeben. Bei mittlerer Hitze die Unterseite leicht bräunen, dann wenden und den Schmarrn in grobe Stücke zerrupfen. Wenn nötig, noch etwas Bratfett zugeben und alles schön knusprig backen. Mit Puderzucker bestreuen und das Beerenkompott dazu essen.

Armer Ritter

Pro Person 2 Scheiben Weissbrot
½ Tasse Milch · 1 Ei
1 Essl. geriebene Semmeln · Bratfett (Butter) Zimt und Zucker zum Bestreuen Beerenkompott oder Fruchtsauce nach Geschmack

Die Weissbrotscheiben in der Milch einweichen, jeweils zwischen zwei Holzbrettchen ausdrücken, in dem verquirlten Ei wenden und mit geriebenen Semmeln bestreuen. In der Pfanne in Butter von beiden Seiten braun braten. Mit Zimt und Zucker bestreuen (oder mit Puderzucker) und Kompott oder Fruchtsauce dazu essen.

Beerenomelette

für 4 Personen

4–5 Eier · etwas Salz · 1 Essl. Zucker
1 Essl. Butter · 1 Tasse leicht gezuckerte Beeren
(Erdbeeren, Himbeeren, Brombeeren,
Heidelbeeren, Rauschbeeren)
1 Essl. Cointreau oder Grand Marnier
Puderzucker zum Bestreuen

Das Eiweiss zu Schnee schlagen, das Salz, den Zucker und die Eidotter darunterrühren. Die Butter in der Pfanne erhitzen und den Teig einfüllen. Wenn die Unterseite leicht gefestigt ist, die Beeren auf dem Teig verteilen und leicht eindrücken, mit dem Cointreau oder Grand Marnier beträufeln und bei mittlerer Hitze weiter garen, bis auch die Oberseite stockt. Dann ist die Omelette fertig. Man lässt sie auf eine Platte gleiten und klappt eine Hälfte über. Mit Puderzucker bestreuen, evtl. mit ein paar frischen Beeren garnieren.

Quarkcreme

250 g Quark · 1 Ei
1–2 Essl. Zucker
½ Zitrone
1 Tasse leicht gezuckerte Beeren (Erdbeeren,
Himbeeren, Brombeeren, Heidelbeeren,
Rauschbeeren, Sanddorn)

Den Quark, das Eigelb, den Zucker, den Saft der halben Zitrone und etwas abgeriebene Zitronenschale und die Beeren gut verrühren (am besten mit einem Rührgerät oder mit dem Mixer), zum Schluss das zu Schnee geschlagene Eiweiss unterheben und die Creme mit frischen Beeren verzieren.

Abwandlung: In ½ Tasse Milch ein Päckchen Gelatine quellen, erhitzen, bis die Gelatine aufgelöst ist, und unter die Masse rühren, dann kaltstellen. So erhält man eine feste Quarkspeise, die auch als Tortenmasse auf einen Biskuitboden aufgestrichen werden kann. Ein paar frische Beeren darauf und etwas geschlagene Sahne, und die Torte ist perfekt.

Beeren–Melone

1 Melone (Wasser- oder Honigmelone)
Beeren (Himbeeren, Erdbeeren, Brombeeren,
Heidelbeeren, Rauschbeeren)
2–3 Essl. Zucker
1 Gläschen Cointreau oder Grand Marnier

Die Melone halbieren und mit einem grösseren Löffel das Fleisch herauslösen und in Würfel schneiden, dabei die Kerne entfernen. In einer Schüssel die Melonenwürfel mit den Beeren und dem Zucker durch Schwenken vermischen und wieder in die Melonenschalenhälften füllen, ½ Stunde kühl stellen. Kurz vor dem Auftragen den Cointreau oder Grand Marnier darübergiessen.

Abwandlung: Kann mit Eis (Vanille, Zitrone) und Sahne eine köstliche Sommernachtsüberraschung werden.

Beerenschaumsauce

1 Tasse Beerensaft (Himbeeren,
Rauschbeeren, Erdbeeren, Sanddorn, Schlehen)
2–3 Essl. Zucker je nach Fruchtsäure
4 Eier · 1 Zitrone · 1 Essl. Butter

Im Wasserbad oder auf der mässig warmen Kochplatte in einem Topf den Saft mit dem Zucker und den Eiern unter ständigem Quirlen erwärmen, bis dicklicher Schaum entsteht und die Masse erheblich mehr geworden ist. Dann den Saft und das Abgeriebene der Zitrone dazugeben und die etwas erwärmte Butter unterquirlen.

Diese aromatische und nahrhafte Fruchtsauce passt zur Nussmehlspeise (S. 215) und anderen süssen warm gegessenen Mehl- und Griessspeisen.

Bunte Eiswürfel mit Beeren

¼ l Wasser · 2 Essl. Zucker · Saft einer Zitrone
Beeren (Brombeeren, Himbeeren, Erdbeeren)

Wasser und Zitronensaft mischen, den Zucker darin auflösen, so in den Eiswürfelbereiter des Kühlschrankes verteilen, dass jedes Gefässchen etwa halbvoll ist. Ausgesucht schöne rohe Beeren (zwei bis drei für jedes Fach) einlegen, zum Gefrieren stellen.

Diese hübschen Fruchtwürfel eignen sich nicht nur zum Kühlen, sondern geben einem Getränk noch die fruchtige Note.

Brombeer-Spezialrezepte

Brombeerkuchen

1 fertiger Mürbteigboden
3–4 Tassen gezuckerte Brombeeren
250 g Zucker · ½ Tasse geriebene Nüsse
½ Zitrone · 4 Eiweiss

Den Tortenboden in eine Springform oder eine andere Form mit etwas erhöhtem Rand legen. Das Eiweiss mit dem Zucker zu steifem Schnee schlagen, die Nüsse, das Abgeriebene und den Saft der halben Zitrone hinzufügen. Die Hälfte der Masse auf den Tortenboden streichen, die Brombeeren darauf verteilen und den Rest auffüllen. Im vorgeheizten Backofen bei Oberhitze hellbraun bakken.

Brombeerküchlein
Bild Seite 185

1 Ei · 3 Essl. Mehl · 1 Prise Salz
etwas Milch oder Wasser
wenig abgeriebene Zitronenschale
1 Teel. Vanillezucker · 1 Tasse Brombeeren
Bratfett (Butter oder Margarine)
Zucker oder Puderzucker zum Bestreuen

Aus dem Ei, dem Mehl und dem Salz mit etwas Milch oder Wasser einen dickflüssigen Teig rühren, mit Zitronenschale und Vanillezucker würzen. In der Pfanne das Bratfett erhitzen und 3–4 Teigmengen einsetzen. Wenn die Unterseite gefestigt ist, die Brombeeren dicht nebeneinander in den Teig etwas eindrücken. Unterseite hellbraun werden lassen und umwenden, damit auch die Oberseite kurz gebacken wird, wobei die Brombeeren garen. Warm, mit Zucker oder Puderzucker bestreut, essen. Eine Spur Zimt darauf sollten Sie auch einmal ausprobieren.

Brombeermarmelade mit Schuss

500 g Brombeeren · 400 g Zucker
1 Gläschen Escorial grün

Die Brombeeren erhitzen und durch ein Sieb streichen; mit dem Zucker unter häufigem Umrühren 10 Minuten lang kräftig kochen. Hitze abschalten. Den Escorial grün einrühren und die Marmelade in die vorbereiteten Gläser füllen. Mit Cellophanpapier zubinden oder mit Alkohol einwecken (Seite 211).

Brombeerlikör (Kroatzbeere)
1 Liter

500 g Brombeeren · 80 ml Kirschwasser
300 g Zucker · 1 Teel. Vanillezucker
230 ml Sprit 96%
1 Messerspitze Zitronensäure

Die vollreifen Brombeeren im Mixer zerkleinern oder zerstampfen, mit Wasser bedeckt und etwas Zucker verrührt in einer weithalsigen Flasche mit Gärverschluss (Drogerie) an einem warmen Plätzchen aufstellen. Die Flasche darf nur ¾ voll sein, da das Gärgut steigt. Ab und zu durchschütteln.

Nach etwa 8–10 Tagen ist die Gärung abgeschlossen. Den Saft über einen Filter ablaufen lassen, messen und unter Umrühren ⅕ unverdünnten Sprit hinzufügen (bei etwa 200 ml Saft 40 ml Sprit). In gutschliessendem Gefäss (Flasche oder Deckelglas) aufbewahren. Den Rückstand (Trester) aus dem Filter in einem ebenfalls gut schliessenden Gefäss (Weckglas mit Deckel) mit Sprit mischen, bis dieser über der Masse steht (etwa 150 ml). 8 Tage stehen lassen, über den Filter den gewonnenen Tresterextrakt ablaufen lassen und, um den restlichen Sprit aus dem Rückstand zu waschen, so viel Wasser darübergiessen, bis die früher zugesetzte Spritmenge (etwa 150 ml) die jetzige Flüssigkeitsmenge wieder erreicht hat. 300 g Zucker in 126 ml Wasser unter Zugabe der Zitronensäure gut durchkochen und wenn nötig abschäumen, auskühlen und im Messbehälter (oder einer 1-Liter-Flasche) den verwahrten gespriteten Saft, den gewonnenen Tresterextrakt, das Kirschwasser, den restlichen Sprit und die Zuckerlösung gut vermischen und bis zur 1-Liter-Marke mit Wasser auffüllen. In einer Flasche gut verkorkt, sollte der Likör eine Woche ruhen, bis er dann erneut über einen Filter geklärt wird. Der Likör ist ein Jahr lagerfähig.

Wenn das Aroma nicht herzhaft genug ist, kann mit gefiltertem Kirsch- oder Johannisbeersaft (schwarze Johannisbeeren) nachgeholfen werden. Dann die Wassermenge um die zugegebene Menge Saft verringern.

Nach diesem Rezept können auch wilde Vogelbeeren (Eberesche, S. 88) zu einem säuerlich-bitteren Likör verarbeitet werden. Dieser schmeckt pur, aber besonders gut als Longdrink oder Aperitif nach folgenden Rezepten:

⅓ gut gekühlten Vogelbeerlikör in ein hohes Glas füllen und mit Selterwasser oder Tonic auffüllen, eine Zitronenscheibe hinein, evtl. Eiswürfel.

In ein hohes Glas ⅓ gut gekühlten Vogelbeerlikör füllen und mit Sekt aufgiessen, eine Scheibe von grüner Gurke hinein (Mamas Spezialdrink).

Brombeernester
Bild Seite 183

Die Zutaten ergeben 7–8 Stück.
2 Eier · 6 Essl. Mehl · ½ Tasse Milch
1 Prise Salz · 1 Teel. Vanillezucker
Bratfett (Butter, Margarine)
2 Tassen gezuckerte Brombeeren · Puderzucker

Aus den Eiern, dem Mehl, der Milch, dem Salz und dem Vanillezucker einen nicht zu dickflüssigen Teig bereiten und in der Pfanne dünne Eierkuchen ausbacken. Gleich warm aus der Pfanne in einer Schüssel zu Nestern

Brombeernester (Rezept Seite 182)

formen und nebeneinander aufstellen. Erst wenn das Gericht gegessen werden soll, die gezuckerten Brombeeren einfüllen und mit Puderzucker bestreuen. Wenn die Speise recht warm bevorzugt wird, die Schüssel mit den Teignestern im Backofen warmstellen.

Verfeinerung: Ich nehme immer noch geschlagene Sahne dazu, aber das darf man ja heute kaum noch sagen.

Brombeersauce pikant

250 g Brombeeren · 2 Essl. Zucker
1 Teel. Senf · ½ Glas Rotwein
1 Prise Zimt
abgeriebene Schale einer viertel Orange
½ Glas Weinbrand
1 Spritzer Angostura bitter (oder Ebereschenlikör,
Seite 182, wenn dieser bereits zu Ihren
«Hausmitteln» gehört)
1 Essl. ganz fein gemahlene Mandeln

Die Brombeeren durch ein Sieb streichen und mit allen Zutaten zu einer leicht dicklichen Sauce verkochen.

Passt zu Wild, gekochtem Rindfleisch, kaltem Braten, Aufschnitt.

Brombeerküchlein (Rezept Seite 181)

Erdbeer-Spezialrezepte

Erdbeerbowle

ausnahmsweise für vier Flaschen

500 g Erdbeeren · 150 g Zucker · ½ Zitrone
3 Fl. Weisswein · 1 Fl. Sekt

Die Erdbeeren möglichst ungewaschen in das Bowlengefäss geben, Zucker und Zitronensaft darüber verteilen. Nach 10 Minuten 1 Fl. Weisswein dazugiessen und 1 Stunde kühlen. Mit dem restlichen Wein und dem Sekt auffüllen. Die Bowle möglichst kühl halten, indem das Bowlengefäss in eine hübsch getarnte Schüssel mit Eis gestellt wird oder durch einen dafür vorgesehenen gläsernen Einsatz, der mit Eiswürfeln gefüllt direkt in die Bowle gehängt wird. Niemals das Getränk mit Eiswürfeln verwässern!

Kaltschale

Pro Person 1 Tasse Erdbeeren
2 Essl. Zucker · 1 Glas Weisswein
1 Teel. Zitronensaft
2 Essl. geschlagene, leicht gesüsste Sahne

Die Erdbeeren durch ein Sieb streichen und mit dem Zucker, dem Wein und dem Zitronensaft gut vermischen. Auf etwas grössere tiefe Glasteller füllen und kleine Sahnehäubchen daraufsetzen.

Tee-Becher

Pro Person 2 Essl. gezuckerte Erdbeeren
ein Spritzer Weinbrand · 1 Portion Vanilleeis
1 Glas fermentierter Tee von Seite 166
1 Essl. Schlagsahne

Die gezuckerten Erdbeeren, wenn sie etwas Saft gezogen haben, in ein hohes Stielglas (Sektglas o.ä.) füllen, den Weinbrand dazugeben, das Vanilleeis darauflegen und mit dem gekühlten Tee aufgiessen. Kleine Sahnehaube darauf und mit einer Erdbeere garnieren. Strohhalm dazu.

Erdbeerschnee gebacken

1 Tasse gezuckerte Erdbeeren · 4 Eiweiss

Die Erdbeeren Saft ziehen lassen und durch ein Sieb streichen. Das Eiweiss zu Schnee schlagen und das Erdbeermus gut damit vermischen. Alles in einer leicht gefetteten Auflaufform im vorgeheizten Backofen bei mittlerer Hitze 15–20 Minuten überbacken. Kann als Nachspeise mit Löffelbiskuits unterlegt und mit ein paar frischen Beeren verziert werden. Abwandlung: Natürlich können Sie diese Masse auch auf einen fertigen Biskuitboden streichen und dann überbacken. Die Mengenangaben sollten dann verdoppelt werden.

Erdbeerlikör

1 Liter

500 g Erdbeeren · 290 ml Sprit 96%
1 Päckchen Gelatine · 280 g Zucker
1 Messerspitze Zitronensäure

Zur Likörbereitung benötigen Sie eine Waage und einen Messzylinder (Seite 219). Die Erdbeeren zerquetschen, die Gelatine in 2 Essl. Wasser vorquellen und unter den Erdbeerbrei rühren (ohne diesen Zusatz geben die Erdbeeren den Saft nicht ab). Am nächsten Tag durch ein Leinentuch oder Beutel den Saft abseihen und den Rückstand gut abpressen. Zu dem gewonnenen Saft 190 ml Sprit giessen und im verschlossenen Gefäss (Flasche) aufbewahren. Der Pressrückstand enthält viele wertvolle Geschmacksstoffe, die mit dem restlichen Sprit entzogen werden. Dazu vermischt man in einem Weckglas die Rückstände mit 100 ml Sprit, legt den Deckel auf und lässt das Ganze 8 Tage stehen. Dann filtern (sauberer Kaffeefilter) und nach gründlichem Ablaufen ½ Tasse Wasser nachgiessen, damit auch die restliche Spritlösung noch aus den Rückständen herausgewaschen wird. Nun in eine Literflasche den verwahrten gespriteten Saft füllen, das gewonnene Filtrat dazugiessen. In einem Topf 120 ml Wasser aufkochen, die Messerspitze Zitronensäure zugeben und unter Rühren den Zucker auflösen, wenn nötig, abschäumen, auskühlen und der Likörflüssigkeit beimengen. Dann mit Wasser auffüllen, bis der Liter erreicht ist.

Nach 14 Tagen nochmals filtern und den Likör dunkel aufbewahren. Er ist dann trinkfertig. Das Aroma ist nicht sehr lange haltbar (höchstens 1 Jahr), ein Grund zum Trinken. Wenn Sie eine Dame sind (und wer sonst wird ihn sich bereiten), versuchen Sie den Erdbeerlikör einmal mit einer kleinen Sahnehaube, so zum Verwöhnen.

Erdbeer-Sorbet

Pro Person ½ Tasse gezuckerte Erdbeeren
1 Glas Weisswein · 1 Eiweiss · 1 Essl. Zucker

Die Erdbeeren durch ein Sieb streichen, mit dem Wein vermischen und kühlen. Den Zucker mit dem Eiweiss zu Schnee schlagen und mit der Wein-Erdbeer-Mischung gut vermengen.

Erdbeerschnee

1 Tasse gezuckerte Erdbeeren · 1 Tasse Sahne

Die Sahne steifschlagen und die durch ein Sieb gestrichenen Erdbeeren daruntermischen. Evtl. mit ein paar Tropfen Zitronensaft würzen.

Erdbeer-Gefrorenes

1 Tasse gezuckerte Erdbeeren
1 Tasse Sahne
2–3 Eier (Anno 1842 nahm man 16!)

Die Sahne mit den Eidottern gut verquirlen und im Wasserbad oder bei geringer Hitze unter ständigem Rühren fast zum Kochen bringen, auskühlen. Die durch ein Sieb gestrichenen Erdbeeren daruntermischen und in einer Form im Gefrierfach oder in der Kühltruhe zu Eis gefrieren. Möglichst einige Male umrühren, damit sich keine Kristalle bilden.

Erdbeertorte

1 fertiger Biskuittortenboden
500 g Erdbeeren · 2 Essl. Zucker
1 Päckchen Gelatine
½ l verdünnter, gesüsster Erdbeersaft
¼ l Sahne · Mandelscheibchen
½ Essl. Butter

Die Erdbeeren auf dem Tortenboden hübsch verteilen und mit dem Zucker bestreuen. Die

Gelatine in etwas Erdbeersaft vorquellen, erhitzen bis zum Auflösen, in den restlichen Saft giessen und auskühlen. Kurz vor dem Erstarren erst über die Erdbeeren giessen. Wenn die Schicht ungleichmässig wird, ein Messer in kochendes Wasser tauchen und damit glätten. Kühlstellen. Kurz vor dem Auftragen die geschlagene Sahne um den äusseren Rand der Torte streichen und etwas auf die Oberfläche übergreifen lassen. Die Mandelscheibchen mit der Butter in der Pfanne hellbraun rösten und rundherum in die Sahne drücken.

Erdbeerflip

250 g Erdbeeren · 1 Päckchen Vanillezucker
3–4 Essl. Zucker · ½ Zitrone
1 l Buttermilch

Die Erdbeeren, den Vanillezucker und den Zucker, den Zitronensaft und etwas abgeriebene Zitronenschale gut verrühren (Rührgerät oder Mixer) und langsam die gut gekühlte Buttermilch zugeben.

Hagebutten-Spezialrezepte

Hagebutten süss–sauer

500 g vorbereitete Hagebutten · 500 g Zucker
½ Tasse Wasser · 1 Zitrone · 2 Essl. Essig
etwas Zimtstange

Die halbierten, entkernten Hagebutten (am ergiebigsten ist die Kartoffelrose S. 68) mit dem Wasser und dem Zucker weichkochen, aber nicht völlig zerkochen. Auf ein Sieb schütten, gut abtropfen lassen und die vorbereiteten Gläser damit voll füllen. Den Zuckersaft mit dem Zimt, dem Zitronensaft und dem Essig zu Sirupdicke einkochen und dann über die Früchte giessen. Zubinden und kühl aufbewahren.

Diese eingemachten Hagebutten sind eine köstliche Beilage zu Fleischfondue, kaltem Braten oder Wildgerichten.

Hagebutten-Chutney

1500 g vorbereitete Hagebutten
500 g Zwiebeln · 1 Tasse Wasser
250 g Rosinen · 400 g Zucker · 5 Nelken
1 Stück Zimtstange · 2 Teel. Senfmehl
1 Teel. Ingwer
2 Teel. Salz · ½ l Weinessig

Die Hagebutten und die Zwiebeln kleinschneiden und mit dem Wasser, den Rosinen, dem Zucker, den Nelken, dem Zimt, dem Senfmehl, dem Salz und dem Essig etwa 45 Minuten leise kochen. Ab und zu umrühren. Das Chutney ist fertig, wenn der Saft dick eingekocht ist. Für langfristige Aufbewahrung in Weckgläser füllen und mit Alkohol einwecken (S. 211).

Abwandlung: Als weitere Gewürze können nen Korianderkörner, Ingwer oder Cayennepfeffer zugegeben werden.

Hagebutten-Suppe

1 Tasse vorbereitete Hagebutten
3 Tassen Wasser · ½ Zitrone
1 Stückchen Zimtstange · 1 Nelke
2 Essl. Zucker · 1 Glas Wein
1 Teel. Kartoffelmehl oder Weizenpuder

Die Hagebutten mit dem Wasser, dem Zimt, der Nelke sowie einer Spirale der Zitronenschale weichkochen, durch ein Sieb streichen und mit dem Zucker, dem Wein und dem in wenig Wasser angerührten Kartoffelmehl oder Weizenpuder noch einmal aufkochen. Diese Suppe kann heiss oder kalt gegessen werden. Als Einlage eignen sich kleine Griess- oder Schwemmklösschen, Zwieback und besonders gut auch die Beerenklösse von S. 203.

Sauce von getrockneten Hagebutten

½ Tasse getrocknete entkernte Hagebutten
1½ Tassen Wasser · 2 Nelken
1 Stückchen Zimtstange · ½ Zitrone
1 Essl. Zucker · 1 Prise Salz
1 Glas Weisswein · 3 Eidotter
½ Teel. Kartoffelmehl oder Weizenpuder

Die Hagebutten (evtl. etwas vorgeweicht) in dem Wasser mit den Nelken, dem Zimt und der Zitronenschale ganz weich kochen und durch ein Sieb streichen. Mit dem Zucker, dem Salz und dem Wein noch einmal aufkochen und die drei mit dem Kartoffelmehl oder Weizenpuder verrührten Eidotter darunterziehen, nicht mehr kochen, mit dem Zitronensaft würzen.

Abwandlung: Mit ein paar vorgeweichten Rosinen in dieser Sauce war es eine Spezialität meiner Grosstante Mariechen, sogar mit zwei Ausrufezeichen.
 Sie liess darin enthäutetes und entbeintes weisses Hühnerfleisch noch einmal aufkochen und gab Reis dazu. Probieren Sie es einmal, und Sie werden sehen, wie köstlich ein sonst langweiliges Huhn schmecken kann.

Erfrischungstrank

1 Tasse vorbereitete Hagebutten
3 Tassen Wasser · 1 Zitrone · 3 Essl. Zucker

Die Hagebutten mit einer Spirale Zitronenschale in dem Wasser aufkochen und ½ Stunde ziehen lassen. Durch ein feines Sieb giessen, mit dem Zucker und dem Zitronensaft würzen. Gut gekühlt servieren.

Abwandlung: Es lässt sich auf dieser Grundlage auch ein alkoholisches Mixgetränk aufbauen oder ein Sorbet herstellen.

Hagebuttenlikör
1 Liter

500 g vorbereitete Hagebutten
360 ml Sprit 96% · 20 ml Rum-Verschnitt 40%
300 g Zucker · 1 Messerspitze Zitronensäure

Herstellung wie Schlehenlikör (S. 208). Die Hagebutten können frisch verwertet werden und sollten zerkleinert mit dem Alkohol-Wasser-Gemisch 6–8 Wochen an der Sonne stehen, bevor sie zu Likör verarbeitet werden.

Hagebuttenmarmelade

1000 g Hagebuttenmark · 500 g Zucker

Die vorbereiteten Hagebutten werden in wenig Wasser ganz weich gekocht und durch ein Sieb gestrichen. Die Masse wiegen und auf 1000 g Mark 500 g Zucker zufügen und unter häufigem Umrühren gut einkochen. In verschlossenen oder zugebundenen Gläsern kühl aufbewahren oder mit Alkohol einwecken (S. 211).

Hutzelbrot

3 Eier · 100 g Zucker · 125 g Nüsse
125 g vorbereitete Hagebutten · 125 g Rosinen
125 g gemischte getrocknete Beeren
(Heidelbeeren, Rauschbeeren, Preiselbeeren)
etwas gemahlener Zimt
50 g Honig oder Löwenzahn-Leckerli von
S. 138 oder Tannenwipferlsirup von S. 142
125 g Mehl · 1 Teel. Backpulver

Die Eier mit dem Zucker schaumig rühren; die Nüsse grob raspeln, die Hagebutten kleinschneiden und mit den Rosinen, den gemischten Trockenbeeren, dem Honig, dem Zimt dazugeben und gut vermischen. Das Mehl mit dem Backpulver mischen und alles gut durcharbeiten. In einer gefetteten kleinen Kastenform bei mittlerer Hitze etwa 45

Minuten backen. Mit der Stricknadel die Garprobe machen, da die Backzeit etwas schwanken kann.

Vitaschnittchen

250 g angetrocknete Hagebuttenhälften
250 g verschiedene getrocknete Beeren
(Heidelbeeren, Rauschbeeren, Preiselbeeren oder
auch Backpflaumen oder sonstiges Dörrobst)
150 g Nüsse · 100 g Puderzucker
50 g Honig oder Löwenzahn-Leckerli von
S. 138
oder Tannenwipferlsirup von S. 142
2 Eiweiss · 1 Essl. Kakao
1 Gläschen Kirschwasser (oder Weinbrand,
Rum oder Himbeergeist)

Die getrockneten Früchte recht klein schneiden, die Nüsse fein raspeln und mit dem Puderzucker, dem Honig oder Sirup, dem zu Schnee geschlagenen Eiweiss, dem Alkohol und dem Kakao sehr gut vermischen. Auf ein grösseres Brett legen und mit einem zweiten Brett bis auf 1 cm Stärke flachpressen. Streifen und dann Stücke davon schneiden, einzeln in Cellophanpapier einwickeln (und irgendwann natürlich auch essen).

Heidelbeer-Spezialrezepte

Heidelbeertorte

Bild Seite 193

1 fertiger Mürbeteigboden mit Rand, Zutaten zum Unterstrich nach Wahl (siehe Text)
4 Tassen gezuckerte Heidelbeeren oder Heidelbeerkompott frisch oder eingeweckt
Schlagsahne

Den Tortenboden auf die Tortenplatte legen und einen Unterstrich aufbringen, damit der Fruchtsaft den Boden nicht durchweicht. Nach Geschmack hat man die Wahl: Eiweiss ungeschlagen aufpinseln und hart werden lassen oder Butter mit geriebenen Nüssen gut verrühren und dünn aufstreichen oder Sahnesteif aufstreuen. Die frischen gezuckerten Heidelbeeren oder die abgetropften Beeren des Kompotts in dicker Schicht auflegen und den Saft mit Gelatine oder Tortenguss andikken. Mit Schlagsahne verzieren.

Heidelbeerkuchen mit Guss

Für den Teig:
150 g Butter · 100 g Zucker
300 g Mehl · 1 Ei · 1 Prise Salz
ergibt zwei dünne Tortenböden

Für die Füllung:
2–3 Essl. geriebene Semmeln
4 Tassen gezuckerte Heidelbeeren · 3 Eier
3–4 Essl. Zucker (ich nehme 4, weil ich Süsses gern süss habe)
½ Tasse süsse oder saure Sahne
etwas Zimt oder 1 Teel. Vanillezucker
Puderzucker zum Bestreuen

Die Butter und das Ei gut kühlen und schnell mit dem Mehl, dem Salz, dem Zucker und evtl. etwas kaltem Wasser zu einem festen Teig verkneten, der nicht kleben darf. In Plastikfolie gegen Austrocknen geschützt mindestens 1 Stunde im Kühlschrank ruhen lassen. Die Hälfte davon bemehlen und dünn ausrollen und mit etwas hochgezogenem Rand in die gefettete Springform bringen. Die zweite Hälfte des Teiges kann für andere Gelegenheiten 3 Wochen im Kühlschrank verwahrt oder auch tiefgefroren werden. Nun die Eidotter mit dem Zucker, der Sahne und dem Zimt oder Vanillezucker schaumig rühren (Rührgerät) und das zu Schnee geschlagene Eiweiss darunterheben. Auf den Teigboden die geriebenen Semmeln streuen (oder eine Unterlage aus dem vorangegangenen Rezept), die Heidelbeeren auflegen und die Eier-Sahne-Masse darübergiessen. Bei mittlerer Hitze im vorgeheizten Backofen hellbraun backen (30–40 Minuten). Mit Puderzucker bestreuen.

Heidelbeertorte (Rezept Seite 192)

Eierkuchen mit Heidel- beeren
Bild Seite 195

Zutaten für 6–7 Stück.
2 Eier · 6 Essl. Mehl · ½ Tasse Milch
etwas Salz · Bratfett (Butter, Margarine)
3–4 Tassen Heidelbeerkompott (frisch zubereitet
oder aus dem Weckglas) · Puderzucker

Aus den Eiern, dem Mehl, der Milch und
dem Salz einen nicht zu dickflüssigen Teig
bereiten und in der Pfanne Eierkuchen beidseitig hellbraun ausbacken. Man kann sie auf
einer grösseren Platte mit dem Heidelbeerkompott füllen und eine Hälfte überschlagen
(wie auf dem Foto) oder abwechselnd mit
dem Kompott übereinanderschichten, dass
sie Tortenform annehmen und auch wie diese
in spitze Stücke geschnitten werden. Mit Puderzucker bestreuen.

Heidelbeermix
Bild Seite 195

1 Tasse gesüsste Heidelbeeren oder
Heidelbeerkompott · 2 Tassen Milch
2 Kugeln oder Würfel Vanilleeis

Alle Zutaten gut mixen und ein paar frische
Beeren einlegen.

Eierkuchen mit Heidelbeeren (Rezept Seite 194)
Heidelbeermix (Rezept Seite 194)

Himbeer-Spezialrezepte

Mehlspeise mit Himbeeren
wenn mal ganz viele Eier weg müssen

¼ l Milch · 125 g Zucker
2 Essl. Kartoffelmehl oder Weizenpuder
etwas abgeriebene Zitronenschale
1 Prise Salz · 12 Eier · 2 Tassen Himbeeren

Die Milch mit dem Zucker, der abgeriebenen Zitronenschale und dem Salz erhitzen. Die Eidotter mit dem Kartoffelmehl oder Weizenpuder gut verquirlen und unter ständigem Rühren in die kochende Milch geben, auskühlen. Nach dem Erkalten mit dem zu Schnee geschlagenen Eiweiss verrühren und die Himbeeren leicht unterheben. In der gefetteten Auflaufform bei mittlerer Hitze hellbraun backen (eine gute Stunde).

Omelette soufflée

8 Eier · Zucker · Bratfett (Butter)
Fruchtmus von Himbeeren
oder dickliches Kompott
2 Eiweiss · 2 Essl. Zucker

Die Eier mit dem Zucker so lange rühren (Rührgerät), bis die Masse weiss und blasig wird. Davon in der Pfanne Plinzen nur von einer Seite ausbacken. In eine gefettete Auflaufform (etwas grösser als die Plinzen) lagenweise Plinzen und darauf etwas Fruchtmus oder Kompott auftürmen und im Backofen bei mässiger Hitze ½ Stunde backen. Danach wird der Plinzenberg, noch im Ofen stehend, mit der geschlagenen Masse aus den beiden Eiweiss und den 2 Essl. Zucker bedeckt und kurz nachgebacken.

Crêpes aux Framboises
flambiert, 12 Stück
Bild Seite 197

Für den Teig:
2 Eier · 125 g Mehl
200 ml Sahne (1 gute Tasse voll)
20 g Vanillezucker · 1 Teel. Puderzucker
1 grosse Prise Salz · 1 Schuss Rum
evtl. etwas Milch zum Verdünnen
Bratfett (Butter)

Für die Sauce:
1 Essl. Butter · 4 Essl. Zucker · 1 Zitrone
1 grosse Tasse Himbeeren
2 Gläser Grand Marnier, Cointreau
oder Escorial grün

Am besten mit dem Mixquirl die Eier, das Mehl, den Vanillezucker und den Puderzucker, das Salz, die Sahne und den Schuss Rum gut verquirlen. Falls der Teig zu dickflüssig ist, mit etwas Milch verdünnen, er muss in der Pfanne gut verlaufen. Hitze ständig auf Stufe II, die Pfanne sehr wenig fetten, dann läuft der Teig besser. Nun wirklich ganz dünne

Crêpes aux Framboises (Rezept Seite 196)

Crêpes ausbacken, es müssen 12 Stück werden. Die Crêpes einmal übergeklappt auf einer Platte warmstellen (evtl. im Backofen).

Die Sauce: In einer weiten Pfanne die Butter zergehen lassen und den Zucker darin leicht karamellisieren, die abgeriebene Schale und den Saft der Zitrone zugeben und die Himbeeren einmal darin aufkochen und verrühren. Nicht länger kochen, sonst wird der Saft weniger, und die Marinade reicht nicht aus. Die einmal zusammengeklappten Crêpes nun nacheinander in der Marinade wenden, noch einmal überschlagen und in der Pfanne beiseite legen. Dazu brauchen Sie Platz und wissen spätestens jetzt, weshalb die Pfanne weit sein muss. Die Crêpes müssen von aussen gut saftig sein, sonst brennt die Flambierflamme sie an trockenen Stellen schwarz. Ein Glas des Alkohols darübergeben und alles noch kurz erhitzen (sonst brennt der Alkohol nicht). In einer Kelle den restlichen Alkohol über einer Flamme (notfalls einer Kerze) erwärmen, die Flamme hineinschlagen lassen und über die Crêpes giessen.

Kommentar: Dieses Rezept müssen Sie ausprobieren! Wir beiden Verfasser haben uns damit einen schönen Abend gemacht, haben alles aufgegessen und festgestellt, dass wir auch in den feinsten Häusern noch nicht so gute Crêpes bekommen haben.

Hefeküchlein

2 Essl. Butter · 3 Eier
10–15 g Hefe · ½ Tasse Sahne-Milch-Gemisch
250 g Mehl · Bratfett
dickliches Kompott oder Fruchtmus von
Himbeeren

Aus den Zutaten einen Hefeteig bereiten (S. 203) und dünn ausrollen. Auf eine Hälfte Häufchen von Kompott oder Fruchtmus setzen, die andere Hälfte darüberklappen und mit dem Rädel in Vierecke teilen. Gehen lassen und in der Pfanne auf beiden Seiten goldbraun backen. Mit Zucker oder Puderzucker bestreuen.

Abwandlung: Die Küchlein können auch, mit Eigelb bepinselt, auf ein gefettetes Backblech gesetzt und im Backofen gebakken werden.

Himbeerklösse

2 Tassen Himbeeren · 2 Essl. Zucker
2 Essl. Butter · 2 Essl. geriebene Semmeln
etwas Zimt · 2 Eier · etwas Mehl
Bratfett (Butter, Margarine)

Die Himbeeren mit dem Zucker etwas einkochen. In der Pfanne die Butter erhitzen und darin die geriebenen Semmeln aufquellen.

Mit den Himbeeren, dem Zimt, den Eiern und evtl. noch etwas geriebenen Semmeln, falls der Teig nicht zusammenhält, vermengen. Mit dem Esslöffel Klösschen abstechen, auf einen mit Mehl bestreuten tiefen Teller setzen und in dem Mehl wälzen. Dann in der Pfanne in reichlich Bratfett ausbacken. Dazu gibt es Vanillesauce, die mit geraspelten Nüssen verfeinert werden kann.

Himbeercreme-Torte

1 fertiger dünner Biskuittortenboden
3 Tassen Himbeeren · 1 Zitrone
4–5 Essl. Zucker · 4 Eier · 1 Päckchen Gelatine

Die Gelatine in ½ Tasse Wasser 10 Minuten quellen und bis zum Auflösen erhitzen. Die Eidotter mit dem Zucker schaumig rühren, den Saft der Zitrone, das Abgeriebene der ganzen Schale und die Himbeeren fein damit verschlagen (Rührgerät oder Mixer), die aufgelöste Gelatine dazugeben. Erst wenn die Masse steif zu werden beginnt, das Eiweiss zu Schnee schlagen, mit der Fruchtmasse noch einmal durchschlagen, auf den Tortenboden füllen und kühlstellen. Mit frischen Himbeeren garnieren und mit oder ohne Sahne anbieten.

Abwandlung Nr. 1: Für Himbeer-Sahne-Torte neben dem Eiweiss auch geschlagene Sahne unterheben. Falls die Masse ½ l überschreitet, muss etwas mehr Gelatine zugegeben werden.

Abwandlung Nr. 2: Wer es pikanter liebt, kann eine dünne Schicht herber Orangenmarmelade unterstreichen.

Himbeeressig

2 Tassen Himbeeren
¼ l Wein- oder Obstessig
250 g Zucker

In einem verschlossenen Gefäss (Weckglas mit Deckel) den Essig mit den Himbeeren 8 Tage stehen lassen. Durch ein Tuch giessen und den Saft gut auspressen, mit dem Zucker aufkochen, abschäumen und ausgekühlt in eine Flasche füllen. Mit Wasser verdünnt, ein Erfrischungstrank an heissen oder kranken Tagen.

Brauselimonade

½ l gesüsster verdünnter Himbeersaft
1 Essl. Essig · 1 Messerspitze Natron

In den Himbeersaft den Essig und das Natron einrühren.

Himbeer-Milchmix

1 Tasse Himbeeren · 2 Tassen Milch
2 Essl. Zucker · 1 Teel. Vanillezucker

Die Himbeeren, die Milch, den Zucker und den Vanillezucker im Mixer gut mischen, gekühlt servieren.

Abwandlung: Ein Eidotter mit verquirlen, das Eiweiss zu Schnee schlagen und unterheben, mit einigen frischen Himbeeren garnieren.

Kaltschale

2 Tassen Himbeeren · 2 Tassen Milch
3 Essl. Zucker · ½ Fl. Wein nach Geschmack
etwas Schwarzbrot oder Zwieback
Schlagsahne

Die Himbeeren zerquetschen, mit der Milch begiessen und alles durch ein feines Sieb rühren. Mit dem Zucker und dem Wein vermischen und auf Teller füllen. Schwarzbrot oder Zwieback darüberbröckeln und mit Sahnehäufchen besetzen.

Gefrorenes von Himbeeren

2 Tassen Himbeeren · 5 Essl. Zucker
1 Zitrone · 2 Gläser Weisswein

Den Saft aus den Himbeeren abpressen oder durch Aufkochen und Abseihen gewinnen, mit dem Zucker, dem Saft der Zitrone und etwas abgeriebener Schale und dem Wein einmal kurz zum Kochen bringen. Nach dem Auskühlen im Gefrierfach zu Eis frieren. Möglichst einige Male umrühren, damit sich keine Kristalle bilden.

Dieses Eis ist besonders für ein Sorbet geeignet: 2 Essl. Eis in ein hohes Glas füllen, mit Sekt aufgiessen, etwas verrühren, evtl. noch einige frische Himbeeren hineinlegen.

Himbeer-Sahneeis

¼ l Sahne · 2 Tassen Himbeeren
4–5 Essl. Zucker

Die Sahne mit dem Zucker zu Schnee schlagen und die durch ein Sieb gestrichenen Himbeeren darunterrühren. Die Masse muss gut süss sein, da etwas Süsse beim Gefrieren verlorengeht. In einer Form im Gefrierfach oder in der Kühltruhe gefrieren und dabei einige Male umrühren.

Himbeer-Buttermilch-Spezial

½ l Buttermilch · 1 Tasse Himbeeren
1 Essl. Zucker · 2 Essl. Vanilleeis

Im Mixer oder mit dem Rührgerät die Buttermilch, die Himbeeren, den Zucker und das Vanilleeis gut verrühren, ein paar frische Himbeeren hineingeben.

Himbeer-Cocktail

1 Tasse Himbeeren
1 kleine Spirale Zitronenschale
etwas Zitronensaft · 2 Essl. Zucker
1 Gläschen Cointreau oder Grand Marnier
1 Fl. Sekt

In einem Glasgefäss die Himbeeren, die Zitronenschale und den Saft mit dem Zucker ansetzen, 15 Minuten stehen lassen. Den Cointreau oder Grand Marnier dazugeben, gut kühlen. Portionenweise in Gläser verteilen und mit Sekt aufgiessen.

Holunderbeer-Spezialrezepte

Allgemeines

Der Schwarze Holunder (S. 74) hat Beeren mit leicht giftigen Kernen. Er ist daher nur zur Saft- oder Musgewinnung zu gebrauchen, besitzt aber ein so vorzügliches Aroma und darüber hinaus wertvolle Heilstoffe, dass sich die Verarbeitung unbedingt empfiehlt.

«Fliederbeersuppe» Holundersuppe

1 l Holundersaft
1 saurer Apfel · 3–4 Essl. Zucker
1 Essl. Weizenpuder oder Kartoffelmehl

Den Apfel schälen, vierteln, das Kerngehäuse entfernen und die Schnitze in dünne Scheibchen schneiden. Mit dem Holundersaft und dem Zucker kurz aufkochen und etwas ziehen lassen, falls die Apfelstückchen noch nicht weich sind. Hitze abschalten. Den in wenig Wasser angerührten Weizenpuder oder das Kartoffelmehl einrühren.

Als Einlage Griess- oder Schwemmklösschen, Zwieback oder Eiweisshäubchen daraufsetzen.

Abwandlung: Statt des Apfels können ein paar Pflaumenhälften oder auch Zitronensaft beigegeben werden. Die Hauptsache ist eine gewisse Säure, die den eigenartigen Holundergeschmack etwas dämpft. Nach persönlichem Geschmack können auch Gewürze wie Zimt oder Nelken mitgekocht werden.

Holunder-Glühwein

1 l Holundersaft · 3–4 Essl. Zucker
etwas Zimtstange · 3 Nelken oder fertiges
Glühweingewürzbeutelchen

Den Saft mit dem Zucker und den Gewürzen aufkochen. Bei wem der Alkoholspiegel noch nicht stimmt, der kann Rotwein oder ein Obstwässerchen zugeben.

Preiselbeer-Spezialrezepte

Wickelklösse

Für den Teig:
250 g Mehl · 10–15 g Hefe · ¼ Tasse Milch
1 Teel. Zucker · 1 Ei · etwas Salz
1 Essl. Butter

Für die Füllung:
2 Essl. Butter · ½ Tasse Milch
2 Tassen Preiselbeeren · 3 Essl. Zucker

Das Mehl in eine grosse Schüssel schütten. In die Mitte eine Mulde drücken, die zerbröckelte, in etwas lauwarmer Milch gelöste Hefe hineingeben, mit dem Zucker etwas mischen und gehen lassen. Dann mit dem Ei, dem Salz und der Butter zu einem geschmeidigen Teig verkneten, wieder gehen lassen. 1 cm dick ausrollen und Streifen von etwa 6 cm Breite davon schneiden. Diese aufrollen und hochkant nebeneinander in eine gefettete Auflaufform setzen. Die Preiselbeeren mit dem Zucker kurz durchkochen und in die Zwischenräume füllen. Noch einmal gehen lassen, Butterflöckchen aufsetzen, die Milch heiss darübergiessen und die Klösse bei mittlerer Hitze im Backofen hellbraun backen. Es kann Puderzucker oder Zimt und Zucker darüber gestreut oder Preiselbeerkompott dazu gegessen werden.

Beerenklösse

1 Essl. Butter · 3 Essl. Mehl · 1 Prise Salz
1 Ei · 1 Tasse Preiselbeeren · 2 Essl. Zucker

Die Preiselbeeren mit 3 Essl. Wasser und dem Zucker einmal gut aufkochen und auf ein Sieb zum Abtropfen geben. Den Saft im Kochtopf mit der Butter aufkochen, das Mehl hineinschütten und so lange rühren, bis sich die Masse als Kloss vom Topf löst. Auskühlen. Das Ei und das Salz und die abgetropften Beeren mit dem Teig gut verrühren. In einem geräumigen Topf Wasser mit ½ Teelöffel Salz zum Kochen bringen, einen Esslöffel zum Erhitzen hineinhalten und damit von dem Beerenteig kleine ovale Klösschen abstechen und in das leise sprudelnde Wasser einsetzen; dann nur noch ziehen lassen, bis sie oben schwimmen. Mit Vanillesauce, Kompott oder Fruchtsauce oder mit brauner Butter essen.

Preiselbeerkompott
klassische Form als Wildbeilage

500 g Preiselbeeren · 250 g Zucker
½ Tasse Wasser

Die Beeren werden mit dem Wasser und dem Zucker 10–20 Minuten leise gekocht. Dann auf einem Sieb abtropfen lassen und den Saft noch etwas einkochen, bis er dickflüssig wird. Die Beeren noch einmal darin aufkochen. Dieses dicke Kompott hält sich ohne Sterilisieren in Gläsern zugebunden oder mit Patentdeckel (Twist off).

Abwandlung: Als Würzzugabe eignen sich Zimtstange, Vanille, Nelken, Wacholderbeeren.

Preiselbeeren
mit Birnen, Äpfeln oder Mohrrüben

500 g Beeren
250 g Birnen, Äpfel oder Mohrrüben
500 g Zucker · ½ Tasse Wasser

Die Preiselbeeren werden mit dem Wasser und den zerkleinerten Zugaben nach Wahl (Mohrrüben werden gerieben) und mit dem Zucker 15–20 Minuten gekocht, der Saft evtl. noch etwas eingekocht wie oben. Aufbewahrung in verschlossenen Gläsern oder mit Alkohol eingeweckt (S. 211).

Bratapfel mit Preiselbeeren

Äpfel (am besten Boskop)
Preiselbeerkompott (S. 203) · etwas Butter

Die Äpfel waschen und abtrocknen, Kerngehäuse ausstechen und etwas aushöhlen. Auf eine feuerfeste Platte setzen und mit je 2 Essl. Preiselbeerkompott füllen. Butterflöckchen aufsetzen und im vorgeheizten Backofen etwa 25 Minuten braten, bis sie zu zerfallen beginnen wollen.

Abwandlung: Wer Zimt gern mag, kann vor dem Einfüllen des Preiselbeerkompotts etwas davon in die Apfelhöhlung streuen.

Rauschbeer-Spezialrezepte

Heissgetränk «Rauschetrunk»

Saft von Rauschbeeren
die gleiche Menge Wasser
Zucker nach Geschmack · 1 Stück Zimtstange
ein paar Nelken · 1 Schuss Obstbranntwein

Den Rauschbeerensaft mit dem Wasser aufkochen, den Zucker darin auflösen, Hitze abschalten, die Zimtstange und die Nelken 5 Minuten ziehen lassen und herausnehmen. Einen Schuss Obstbranntwein dazugiessen und recht viel davon trinken.

Rauschbeeren-Götterspeise

½ l Rauschbeerensaft
2–3 Essl. Zucker
1 Päckchen gemahlene Gelatine

Die Gelatine in 3 Essl. Saft 10 Minuten quellen lassen. Den Rauschbeerensaft mit dem Zucker nach Geschmack aufkochen, Hitze abschalten, die gequollene Gelatine darin verrühren. In eine mit kaltem Wasser ausgespülte Schüssel füllen und erstarren lassen (evtl. Kühlschrank).

Dazu gibt es Vanillesauce oder Schlagsahne mit ein paar frischen Beeren garniert.

Abwandlung: Wer etwas Fruchteinlage vorzieht, kann frische Rauschbeeren, aber auch andere Waldbeeren (Himbeeren, Brombeeren, Heidelbeeren) in die vorbereitete Schüssel geben und dann erst die heisse Masse darüberfüllen.

Sanddorn-Spezialrezepte

Sanddornsirup

½ l Sanddornsaft (Herstellung S. 173)
100 g Zucker

Den Saft mit dem Zucker zu Sirupstärke einkochen, in kleinere Flaschen füllen und verschliessen. Es empfiehlt sich, diesen Saft immer vorrätig zu haben, da er neben all seinen
guten Eigenschaften (Steckbrief S. 80) ein
köstliches Aroma besitzt und für viele Getränke die Grundlage sein kann. Durch seine
würzige Säure ist er auch anstelle von Zitronensaft für jedes Gericht geeignet, selbst für
Fischsud, wozu er in Skandinavien benutzt
wird. Lassen Sie Ihrer Phantasie freien Lauf
und erfinden Sie neue erfrischende oder be-
rauschende Getränke, heiss oder kalt, auf
Sanddorngrundlage. Versuchen Sie einmal
die Himbeercreme-Torte von S. 199 mit
Sanddorn, und essen Sie sie mit Schlagsahne,
das ist Spitze! Auch Speiseeis lässt sich mit
Sanddorn zubereiten, und Tante Mariechens
Rosinen-Sauce zum Hühnerfleisch (S. 190)
kann statt mit Hagebutten ebenfalls mit
Sanddorn gewürzt werden.

Sanddornmilch

½ Tasse Sanddornsirup · 3 Tassen Milch
etwas Vanille

Die Milch mit dem Sirup und der Vanille gut
mixen.

Abwandlung: Statt Milch kann auch
Buttermilch oder Trinkyoghurt genommen
werden.

Sanddornquark

250 g Quark · 2 Essl. Sanddornsirup
1 Ei · 2 Essl. geriebene Nüsse

Den Quark mit dem Sanddornsirup und dem
Eidotter gut verrühren. Das zu Schnee geschlagene Eiweiss darunterziehen. In Portio-
nenschälchen verteilen und geriebene Nüsse
darüberstreuen.

Quarktorte

Die weggelegte Hälfte des Mürbteigs von
Heidelbeerkuchen (S. 192) oder ein neuer nach
dem gleichen Rezept.
500 g Quark · 1 Päckchen Käsekuchenhilfe
¼ l Milch · 3–4 Eier · 200 g Zucker
4 Essl. Sanddornsirup · ½ Tasse Rosinen

Den Mürbteig dünn ausrollen und mit etwas
hochgezogenem Rand in der Springform

vorbacken (etwa 15 Minuten). Den Quark
mit der Milch, der Käsekuchenhilfe, den Eidottern, dem Zucker und dem Sanddornsirup gut verrühren (Rührgerät). Zum
Schluss das zu Schnee geschlagene Eiweiss
und die Rosinen unterheben und die Masse
auf den gebackenen und ausgekühlten Teigboden füllen. Die Torte soll nicht gehen, damit sie nicht zusammenfallen kann, und darf
deshalb nur bei 160 Grad im Backofen gebakken werden. Bis sie goldbraun und gar ist,
braucht sie etwa 1 Stunde.

Schlehen-Spezialrezepte

Schlehenlikör

1 Liter

500 g Schlehen · 360 ml Sprit 96%
20 ml Rumverschnitt 40% · 300 g Zucker
1 Messerspitze Zitronensäure

Die Schlehen auf der Heizung ausgelegt oder im offenen Backofen bei 50 Grad trocknen. Dann mitsamt den Kernen zerschlagen und in eine weithalsige Flasche füllen. 200 ml Sprit und 90 ml Wasser daraufgiessen, umschütteln und 8–10 Tage an der Sonne stehen lassen. Diesen Ansatz über einen Filter gut ablaufen lassen und so viel Wasser darübergiessen, dass insgesamt 290 ml Flüssigkeit gewonnen werden. Diese in eine 1-Liter-Flasche füllen, den Rumverschnitt und den restlichen Sprit zugeben. In 126 ml Wasser den Zucker mit der Zitronensäure aufkochen und wenn nötig abschäumen. Ausgekühlt in die Flasche füllen. Bis zur 1-Liter-Marke mit Wasser auffüllen. Nach 14 Tagen nochmals über einen Filter klären und einige Zeit ruhen lassen.

Schlehensülze

½ l Schlehensaft · 5 Essl. Zucker
1 Päckchen Gelatine

Schlehensaft gewinnen (S. 173). In einer halben Tasse Saft die Gelatine 10 Minuten vorquellen. Den restlichen Saft mit dem Zucker zum Kochen bringen, Hitze abschalten. Die Gelatine einrühren. In Dessert-, Wein- oder Sektgläser füllen und nach dem Erkalten mit Vanillesauce oder Sahne reichen.

Abwandlung: In die noch weiche Sülze können auch einzelne frische Früchte (Erdbeeren, Heidelbeeren, Brombeeren) eingelegt werden. Die fertig gekochte Sülze kann auch in kalt ausgespülte Förmchen (Tassen oder Gläser) gegossen und nach dem völligen Erstarren gut gestürzt werden.

Schlehen einmachen

500 g Schlehen · 500 g Zucker · ½ l Wasser
etwas Zimststange · 5–6 Nelken

Die Schlehen in einen Steintopf legen, den Zucker mit dem Wasser aufkochen und heiss darüberschütten. Am nächsten Tag den Saft abnehmen, etwas einkochen und die Früchte einmal kurz darin aufkochen. Wieder einen Tag stehen lassen. Dann kocht man den Saft mit dem Zimt und den Nelken ziemlich dick ein und schüttet ihn erkaltet wieder über die Schlehen.

Abwandlung: Für dauerhafte Haltbarmachung empfehle ich, beim dritten Arbeitsgang die Schlehen noch einmal fast zum Kochen zu bringen, sie sofort in vorbereitete kleinere Gläser zu füllen und mit Alkohol (S. 211) einzuwecken.

Wacholderbeer-Spezialrezepte

Pikante Apfelringe

1000 g Boskop-Äpfel · 5 Essl. Zucker
2 Essl. Wacholderbeeren · 2 Teel. Salz
½ Teel. Nelkenpfeffer (gemahlener Piment)
1 Tasse Wein- oder Obstessig · ½ Tasse Wasser

Die Äpfel schälen und in ½ cm dicke Scheiben schneiden, dabei das Kerngehäuse entfernen. In einem Schüsselchen trocken die
Würzzutaten Zucker, Wacholderbeeren,
Salz und Nelkenpfeffer mischen. Nun in das
vorgesehene Gefäss (Gurkenglas oder Steinkrug) eine Schicht Apfelscheiben legen, von
dem Würzgemisch aufstreuen, wieder Apfelscheiben und Würze, bis alles verbraucht
ist. Den Essig mit dem Wasser erhitzen und
kochend auf die Äpfel giessen. Einige Tage
durchziehen lassen. Sehr feine Beilage zu fet-
tem Braten.

Wacholderbeeren als Würze

für Bratensaucen, Wildbeize, Sauerbraten,
Rotkohl, Rote Beete, Sauerkraut, Wein-
kraut.

Wacholderlikör

1 Liter (magenstärkend, harntreibend, gegen
Steinleiden und Rheumatismus)

120 g Wacholderbeeren
einige frische Zweigspitzen · eine Stange
Vanille
360 ml Sprit 96% · 20 ml Rumverschnitt 40%
300 g Zucker · 1 Messerspitze Zitronensäure

Die Beeren zerquetschen und mit den
Zweigspitzen und der Vanillestange wie
Schlehenlikör (S. 208) ansetzen und weiter-
verarbeiten. Den Ansatz 2–3 Wochen an der
Sonne stehen lassen.

Beeren-Haltbarmachung

Sirup

Auf 500 g konzentrierten Saft (½ l) 1000 g Zucker

Den Saft sprudelnd 5 Minuten kochen, den Zucker unter Umrühren einrieseln, aufkochen. In Flaschen oder Gläser füllen, verschliessen. Dieser Sirup ist dauerhaft haltbar, allerdings sehr süss, und wird in verdünnter Form für Getränke gebraucht und konzentriert Speisen, Suppen und Saucen beigegeben.

Gelee

Für Fruchtgelee rechnet man auf 500 g (½ l) Saft 500 g Zucker

Der klare Saft einzelner Beerenarten oder im Geschmack harmonierender gemischter Beeren wird 10 Minuten sprudelnd gekocht, unter Umrühren den Zucker einrieseln und 5 Minuten weiterkochen. Da nicht alle Beeren die gleiche Gelierfähigkeit besitzen, muss gelegentlich mit Gelierzucker oder Gelierhilfe gearbeitet werden. Für die Geleebereitung geeignet sind: Saft von Erdbeeren, Himbeeren, Brombeeren, Heidelbeeren, Rauschbeeren, Schwarzem Holunder, Sanddorn, Schlehen. Früchte mit wenig Säure vertragen auch den Zusatz von Zitronensaft. Kühl aufbewahren im zugebundenen Glas, besser noch ist das Einwecken mit Alkohol (S. 211).

Rohmarmelade

Auf 500 g Früchte werden je nach Säure 250 bis 500 g Zucker benötigt

Die Zutaten so lange rühren, bis der Zucker völlig aufgelöst und alles sehr gut vermengt und dicklich ist.

Kochmarmelade

Auf 500 g Früchte werden je nach Säure 250–500 g Zucker benötigt.

Für Marmelade können einige Beeren ohne besondere Vorbereitung verkocht werden: Erdbeeren, Himbeeren, Heidelbeeren, Preiselbeeren werden nur zerquetscht. Bei Brombeeren empfiehlt es sich, wegen der kleinen Kerne die Früchte durch ein Sieb zu streichen, ebenso bei Sanddorn und entkernten Hagebutten. Bei Schwarzem Holunder ist es sogar unvermeidlich, da die Kerne leicht giftig sind und zu Übelkeit und Erbrechen führen können. Das Fruchtmus wird erhitzt und 10 Minuten unter Rühren gut durchgekocht und dann mit dem zugefügten Zucker nochmals 10 Minuten weitergekocht. Gelierprobe machen. Die Marmelade heiss in Gläser füllen, in Rum getränktes Cellophanpapier auflegen und zubinden, oder – besser noch – mit Alkohol einwecken.

Einwecken durch Sterilisieren

Auf 1 l Wasser 150–250 g Zucker, je nach Säure der Beeren

Die Beeren werden roh in die Weckgläser gefüllt, etwas gestaucht, damit sie zusammensacken. Das Wasser mit dem Zucker aufkochen und bis 2 cm unter den Rand über die Beeren giessen. Gummiring und Deckel auflegen, mit Klammern verschliessen. Empfindliche Beeren (Himbeeren, Erdbeeren) 20 Minuten bei 75 Grad wecken, alle anderen 25–30 Minuten bei 80 Grad.

Einwecken mit ein paar Tropfen Alkohol

1 Tropffläschchen (Medizin) mit Sprit 90% Streichhölzer

Jeweils eine Portion (so viel, wie in ein vorbereitetes Weckglas ungefähr hineingeht) mit dem notwendigen Zucker und evtl. etwas Wasser kurz aufkochen, sofort in das Glas füllen, den Gummiring nass auflegen, in den Deckel 5–6 Tropfen Alkohol träufeln, anzünden und den «brennenden» Deckel auflegen. Kurze Zeit durch Fingerdruck anpressen. Wenn die Flamme erloschen ist, hat sich ein Vakuum gebildet, und das Glas ist dauerhaft geschlossen. Zu diesem Arbeitsgang muss alles gut vorbereitet sein, dass flotter Ablauf nötig ist. Die Alkoholflamme ist kaum zu sehen, darum ist besonders darauf zu achten, dass nichts verschüttet wird und die offene Alkoholflasche nicht gerade dicht am Feuer steht. Explosionsgefahr besteht nicht, es ist überhaupt ungefährlich, beansprucht nur etwas Aufmerksamkeit. Auf diese Weise können Marmeladen- und Geleegläser mühelos verschlossen werden.

Saft

Saftgewinnung auf verschiedene Art siehe S. 173. Wenn der Saft sehr heiss in die Flaschen gefüllt wird, genügt es, sie vorschriftsmässig zu verschliessen. Soll Rohsaft möglichst schonend konserviert werden, so füllt man ihn ungekocht mit dem nötigen Zucker vermischt in die Flaschen und sterilisiert im Weckapparat 30 Minuten bei 80 Grad. Echte Korken können vor dem Kochen aufgesetzt werden, Patentverschlüsse und Patentdeckel (Twist off) nur auflegen und nach dem Öffnen des Apparates fest schliessen, Gummikappen ebenfalls erst dann überstreifen.

Tip: Wenn der Vorrat an Weckgläsern aufgebraucht ist, kann ziemlich flüssiges Kompott (Heidelbeeren vorgekocht) auch in weithalsigen Flaschen (Orangensaftflaschen mit Twist-off-Deckel) sterilisiert werden.

Einfrieren

Heidelbeeren, Erdbeeren und Himbeeren, die später als Tortenbelag dienen sollen, werden am besten erst auf einem Pappdeckel oder einem Tablett nebeneinandergelegt zum Anfrieren. Wenn sie hartgefroren sind, kommen sie in Plastikbeutel und werden luftdicht verschlossen. So bleiben die Früchte ansehnlich und zerdrücken nicht. Es ist ratsam, sie erst nach dem Auftauen zu zuckern, da Zucker trotz des Gelierens zum Kleben neigt. Beeren für Kompott werden roh in Gefrierdosen aus Plastik gefüllt und mit einer leichten Zuckerlösung (auf 1 l Wasser 150 g Zucker) bedeckt. Nicht ganz voll füllen, da die Masse sich ausdehnt. Deckel auflegen und einfrieren.

Trocknen

Beeren nebeneinander auf einem Tablett oder Pappdeckel auslegen und in der Sonne, auf der Heizung oder im geöffneten Backofen bei 50 Grad trocknen. Aufbewahrung in Schraubgläsern. Die Beeren sind als Teezugabe oder für einige Spezialgerichte (Hutzelbrot, Vitaschnitten) zu verwenden. Dazu eignen sich: Heidelbeeren, Rauschbeeren, Preiselbeeren, Schlehen, nicht zu feuchte Brombeeren, Hagebutten, Wacholderbeeren, Schwarzer Holunder.

NUSSKÜCHE

Grundsätzliches

In dieses kleine Kapitel nehmen wir zu unseren beiden heimischen Nussarten, Hasel- und Walnuss, noch die Marone auf, die in verschiedenen Gegenden wild wächst, deren Früchte man zur Reifezeit aber auch auf den Märkten und in Feinkostgeschäften kaufen kann. Von der Verwertung der Bucheckern haben wir abgesehen, da mir aus der Kriegszeit einige schwere Vergiftungen (mit Erblindung) durch diese Früchte bekannt sind.

Sie finden im Rezeptteil nur Vorschläge für aussergewöhnliche Nussverwertung, da alle Kochbücher Nussgebäck in jeglicher Form bringen.

Ursels Nusstorte

5 Eier · 150 g Zucker · 150 g gemahlene Nüsse (Hasel- oder Walnüsse oder beide gemischt)

Die Eidotter mit dem Zucker schaumig rühren und die gemahlenen Nüsse gut damit vermischen. Das Eiweiss zu Schnee schlagen und unterheben. Etwa 20 Minuten bei 225 Grad backen.

Diese Torte wird nur zwei bis drei Finger hoch, hat es aber in sich an unverfälschtem Nussgeschmack.

Nusscreme

½ l Milch · 1 Päckchen Mandelpudding 100 g Zucker · 150 g Butter · 150 g gemahlene Nüsse · 1 Eidotter

Den Pudding nach Vorschrift, jedoch ohne Zucker kochen, erkalten lassen. Die Butter mit dem Zucker schaumig rühren, löffelweise den Pudding dazugeben und die gemahlenen Nüsse untermischen. Zum Schluss das Eidotter unterrühren und die Creme damit glatt machen.

Diese Creme eignet sich zur lagenweisen Füllung von Biskuittorten, kann aber auch auf kleine Törtchen gestrichen und dann mit Nuss verziert werden oder zwischen zwei Butterkeksen als Füllung dienen. Sie sollte gleich nach der Zubereitung verarbeitet werden, da sie nach dem Erkalten gern gerinnt, d.h. nicht mehr glatt ist. Ist diese unerwünschte Gerinnung einmal eingetreten, erwärmt man die Creme leicht im Wasserbad unter Rühren und «glättet» sie erneut mit einem Eidotter.

Nussklösschen in Milchsuppe

Für die Klösse:
100 g gemahlene Nüsse · 3 Eier
2 Essl. Zucker · 2 Essl. Butter
2 trockene Brötchen · 1 Tasse Milch
etwas Butter zum Braten

Für die Suppe:
½ l Milch · 1 Essl. Zucker · 1 Prise Salz
etwas Zimtstange · 2 Eidotter

Für die Klösse die Milch erhitzen, die grob zerteilten Brötchen darin einweichen, gut ausdrücken und mit den Eiern, dem Zucker und der Butter zu einem dicklichen Klossteig verarbeiten. Mit einem Löffel kleine Klösschen abstechen und in der Pfanne in etwas Butter hellbraun braten.

Nebenbei die Milch mit dem Zucker, dem Salz und etwas Zimtstange aufkochen, Hitze abschalten und die beiden Eidotter gut darunterquirlen. Die Klösschen in eine Terrine geben oder auf die Teller verteilen und die Milchsuppe darübergiessen.

Nussnudeln in Milch

Für die Nudeln:
50 g gemahlene Nüsse · 1 Ei · etwas Wasser
1 Tasse Mehl · 1 Prise Salz
etwas Butter zum Braten

Ausserdem:
½ l Milch · 1 Essl. Zucker · etwas Zimtstange

Aus dem Ei, dem Mehl und den gemahlenen Nüssen mit einer Prise Salz und etwas Wasser einen festen Teig kneten. Messerrückendick ausrollen und Bandnudeln davon schneiden, diese in der Pfanne bei mittlerer Hitze in etwas Butter ausbacken.

Unterdessen die Milch mit dem Zucker und der Zimtstange zum Kochen bringen. Die fertigen Nudeln hineinschütten und kurz aufwallen lassen.

«Gesünder geht's nicht»

2 Tassen gemahlene Nüsse
1 Tasse Löwenzahn-Leckerli (S. 138)
oder Honig
1–2 Essl. Kakao

Die Zutaten zu einer dicken, jedoch streichfähigen Masse gut verrühren.

Auf Butterbrot gestrichen nicht nur nach Kindergeschmack.

Nuss-Eis

150 g gemahlene Nüsse · 150 g Zucker
³/₈ l Sahne · 5–6 Eidotter

Die gemahlenen Nüsse werden mit dem Zucker und der Sahne unter Rühren einmal aufgekocht und zugedeckt beiseite gestellt. Unterdessen die Eidotter gut verquirlen, zu der Nussahne geben und alles noch einmal, jetzt unter ständigem Rühren, fast bis zum Kochen bringen. Durch ein feines Sieb streichen und nach dem Erkalten in einem geeigneten Gefäss (Plastik) in die Kühltruhe stellen. Bis zum völligen Erstarren die Masse einigemal durchrühren.

Nussmehlspeise

125 g gemahlene Nüsse · 125 g Zucker
1 Tasse geriebene Semmeln · 6 Eier
½ Tasse Rum · das Abgeriebene einer Zitrone

Die Eidotter schaumig rühren, den Zucker, den Rum, das Abgeriebene der Zitrone und die geriebenen Semmeln dazugeben und gut verrühren. Zum Schluss das zu Schnee geschlagene Eiweiss unterheben. Die Masse in eine gut gefettete und mit Semmeln bestreute Form füllen und bei mässiger Hitze etwa eine Stunde backen.

Diese Mehlspeise wird warm gegessen. Sehr gut passt die Beerenschaumsauce (S. 179) dazu.

Haselnuss-Spezialrezepte

Gebrannte Haselnüsse

300 g Haselnusskerne · 300 g Zucker
⅛ l Rosenwasser · 1 Prise Zimt
1 Teel. roter Einmachzucker (wegen der Farbe)

Die Haselnüsse im Backofen leicht rösten. In einem grösseren Topf unterdessen das Rosenwasser mit dem Zucker, dem Zimt und dem roten Einmachzucker zum Bruch kochen. Die heissen Nüsse hineinschütten und umrühren, bis sie allen Zucker angenommen haben. Dann nicht mehr rühren, sonst fällt der Zuckermantel wieder ab. Zum Auskühlen auf eine Platte schütten und mit einem Tuch bedecken.

Sollte der Zucker abgefallen sein, kann er mit etwas Rosenwasser wieder durchgekocht werden, und die Nüsse kommen erneut hinein.

Eine andere Geschmacksrichtung des Zuckermantels wäre statt mit Zimt durch Zugabe von Saft und Abgeriebenem einer halben Zitrone zu erreichen.

Nussforelle

Pro Person eine Forelle · Salz · Zitrone

Zum Panieren:
Mehl · Ei · Haselnussblättchen · Bratfett

Die vorbereiteten Forellen innen und aussen salzen und mit Zitronensaft beträufeln. Dann einmehlen, gut in dem verquirlten Ei wenden und in den Nussblättchen wälzen, bis sie gleichmässig anhaften. In reichlich Fett bei mittlerer Hitze in der Pfanne mittelbraun braten.

Durch den Nussmantel bleibt das Forellenfleisch ganz besonders saftig.

Walnuss-Spezialrezepte

Walnuss-Sauce

1 Essl. Butter · 3 Essl. Zucker · etwas Wasser
2 Essl. Walnusskerne · ½ Tasse Sahne

In einer Pfanne die Butter und den Zucker erhitzen und bis zum Bräunen karamellisieren. Dann mit etwas Wasser verkochen (Vorsicht! Zischt und spritzt vielleicht, daher lieber erst etwas zurückstellen) und die Nüsse 5 Minuten mitkochen lassen. Zum Schluss die Sahne unterrühren und kurz erhitzen.

Die Sauce muss sämig sein und wird heiss über Vanille-Eis gegossen oder über gedünstete Birnenhälften.

Kandierte Walnüsse

An dieser Stelle sollte eigentlich ein Rezept stehen, aber vielleicht erzähle ich Ihnen lieber, warum es hier nicht steht.

Ich hielt mich streng an das Rezept und wollte im Juni die grünen Walnüsse pflükken. In unserer Höhenlage hatten sie aber noch nicht die vorschriftsmässige Grösse und Reife. Nach einigen Anläufen hatte ich sie dann aber doch: 15 ausgesucht schöne Exemplare, genau von der Weichheit, die sie haben sollten. Ich durchstiess jede sechs- bis achtmal mit einer Stricknadel (musste ich mir leihen, ich stricke nicht). In einem Topf wurden sie mit viel Wasser bedeckt, das stets gewechselt werden sollte. Ich übertrieb nicht und fand,

zweimal täglich sei stets genug. Dazu liess ich den Topf gleich in der Nähe des Wasserbekkens stehen. Er war mir eigentlich ständig im Wege. Da ich immer die linke Hand beim Abgiessen des Wassers vor die Nüsse hielt, damit sie nicht mit herausfallen, war diese durch die ständig dunkle Brühe bald von einem satten Nussbraun, während die rechte Hand beim Nur-Giessen weiss blieb. Ein Linksversuch, um auch die rechte Hand zu bräunen, misslang und hinterliess einige echte Flecke im Küchentextilboden. Endlich waren die 14 Tage der stetigen Wasserwechselei herum, und es ging an die angenehmere Arbeit der leckeren Zubereitung. Zunächst mussten die Nüsse jedoch noch mit leichtem Salzwasser halbweich gekocht werden. Dann wurden sie gewogen und die gleiche Menge Zucker mit ganz wenig Wasser zu Sirup gekocht. Die Nüsse befanden sich nun – übrigens hässlich schwarzbraun und pappig – in einem mit Liebe ausgesuchten Steintopf und bekamen den Sirup das erstemal übergeschüttet, damit er an ihnen hafte. Nach zwei Tagen wurde der Sirup wieder vorschriftsmässig abgegossen, stärker eingekocht und kam wieder über die Nüsse. Dieses Verfahren sollte drei- bis viermal wiederholt werden, bis die Nüsse richtig trocken kandiert sein würden. Ich gab nicht etwa auf, als nach fünfmaligem Sirupkochen noch nichts von Kristallisation zu merken war. Beim siebentenmal wurde ich misstrauisch. Ich hatte unterdessen jedoch andere beachtliche Erfolge zu verzeichnen: mehrere sehr schön kristallisierte Küchenhandtücher und einen über und über kandierten Kochtopf! Nun kam ich auf die Idee, bei so viel Mühe und Umstand doch einmal die Nüsse zu probieren. Das ersparte mir die zusätzliche Empfehlung im Kochbuch, die fertigen Nüsse noch mit Karamellglasur zu überziehen, denn ich warf sie schnellstens weg. Mir persönlich waren sie eher ein Greuel als ein Genuss.

Es bleibt Ihnen überlassen, das Rezept selbst auszuprobieren, denn ich glaube, nun habe ich es doch an dieser Stelle beschrieben.

Nuss-Likör
1 Liter, 30%
Bild Seite 219

6–8 unreife Walnüsse · 2 Essl. Kakao
1 Essl. grob gemahlene Kaffeebohnen
1 Messerspitze geriebene Muskatnuss
½ Vanillestange · 360 ml Sprit 96%ig
20 ml Rumverschnitt · 300 g Zucker
½ Teel. Zitronensäure

Walnüsse, die noch so weich sind, dass man mit dem Fingernagel leicht in das Fleisch stechen kann, in Scheiben schneiden und mit dem Kakao, dem Kaffee, der Muskatnuss und der Vanille in eine weithalsige Flasche füllen. 200 ml Sprit und 90 ml Wasser darübergiessen und an einem warmen Plätzchen (Sonne oder Heizungsnähe) etwa 3–4 Wochen stehen lassen. Diesen Ansatz dann über einen Filter in ein Messglas ablaufen lassen und so viel Wasser über die Rückstände giessen, dass 290 ml Flüssigkeit gewonnen werden. Den restlichen Sprit und den Rum zufügen. In 126 ml Wasser (etwa eine ¾ Tasse voll) den Zucker mit der Zitronensäure aufkochen, wenn nötig abschäumen, auskühlen lassen und ebenfalls zugiessen. Mit Wasser auffüllen bis zur 1-Liter-Marke. Nach 14 Tagen nochmals über den Filter klären und ein paar Wochen ruhen lassen (ausser, er wird in «dringenden Fällen» von Magenweh gebraucht).

Dieser Likör ist mein Hausmittel und hilft wirklich gegen alle Magenbeschwerden.

Nuss-Schnaps
10–12 unreife grüne Walnüsse
etwas Ingwer und Zimtstange · 5 Nelken
250 g Zucker · 1 l Kornbranntwein

In eine weithalsige Flasche die grob zerteilten Walnüsse, den Ingwer, den Zimt und die Nelken füllen und den Kornbranntwein darübergiessen. An der Sonne oder einem warmen Plätzchen 3–4 Wochen stehen lassen. Mit ½ Tasse Wasser 250 g Zucker aufkochen, auskühlen lassen und zum Ansatz schütten. Nach weiteren 4 Wochen abfiltern und zum Abrunden noch etwas lagern.

Bei jeglichem Unbehagen vom Magen her wirkt ein kleines Gläschen Nuss-Schnaps Wunder.

Nuss-Likör (Rezept Seite 218)

Maronen-Spezialrezepte

Maronen (Esskastanien) vorbereiten

Die Maronen waschen, mit einem scharfen Küchenmesser die Schale durchgehend über die Rundung einschneiden, in kochendes Wasser geben, 5 Minuten zugedeckt kochen lassen und dann die Schalen abnehmen. Anschliessend muss noch das rote Häutchen entfernt werden, und die Maronen sind nun für jede Verarbeitung vorbereitet.

Vermicelles

Unter dieser Bezeichnung bekommt man in der Schweiz in jeder Konditorei eine Näscherei mit Schlagsahne verziert. Dazu wird das obige Püree durch eine Vermicelles-Lochpresse gedrückt und erhält das typische «Wurmhäufchen»-Aussehen. Bei dem grossen Bedarf auch in Schweizer Privathaushalten wird das Maronenpüree meist fertig in Dosen oder tiefgefroren gekauft.

Maronenpüree süss

500 g vorbereitete Maronen · etwas Salz
½ Tasse Milch · 1 Essl. Butter · 50 g Zucker
nach Geschmack Vanillezucker oder ½ Gläschen
Kirschwasser

Die Maronen mit Wasser bedeckt weichkochen (20–30 Minuten), die Milch zugeben und unter Rühren einkochen. Die Masse heiss pürieren (durch ein Sieb streichen oder mit einer Küchenmaschine zu Brei verarbeiten). Den Zucker, die Butter und die Geschmacksstoffe einrühren, auskühlen lassen. Dieses Maronenpüree wird mit Apfelmus und geschlagener Sahne oder Vanillesauce gegessen.

Maronen-Creme
als Nachtisch

150 g Maronenpüree · 1 Tasse Sahne
2 Essl. Puderzucker · 1 Essl. Vanillezucker
2 Essl. Rum · 1 säuerliche Apfelsine
geraspelte Schokolade

Von der heiss abgespülten Apfelsine die Schale abreiben, das Fruchtfleisch würfeln. Die Sahne mit dem Puderzucker und Vanillezucker steif schlagen. Dreiviertel davon mit dem Maronenpüree, der Apfelsinenschale, dem grössten Teil des Fruchtfleisches und dem Rum gut vermischen. Die Masse in Dessertgläser füllen und mit der restlichen Sahne und ein paar Apfelsinenwürfeln garnieren, mit der geraspelten Schokolade bestreuen.

Glasierte Maronen

500 g vorbereitete Maronen · 1 Essl. Butter
1 Teel. Zucker · ½ Tasse Fleischbrühe
etwas Salz

In einem Topf die Butter und den Zucker erhitzen und bräunen, die Maronen und etwas Salz dazugeben, mit der Fleischbrühe auffüllen und weichkochen (20–30 Minuten). Nicht umrühren, damit die Maronen nicht zerfallen.
Als feine Beilage zu Fleischgerichten.

Maronen mit Äpfeln

500 g vorbereitete Maronen
500 g säuerliche Äpfel · 1 Tasse Apfelsaft
1 Prise Salz · 1 Essl. Zucker · 1 Essl. Butter

Die Maronen mit dem Apfelsaft und etwas Salz 20 Minuten kochen. Inzwischen die Äpfel schälen und in Schnitze teilen, gleichmässig auf die Maronen legen, den Zucker darüberstreuen und die Butter in Flöckchen daraufsetzen. Noch 10–15 Minuten weiterkochen, bis die Maronen weich sind und die Äpfel zu zerfallen beginnen.

Abwandlung: Etwas Zitronenschale mitkochen. Mit den Äpfeln zusammen vorher eingeweichte Korinthen oder Rosinen auflegen. Feine Beilage zu Gänsebraten und Geflügel.

Heisse Maroni

Die Maronen waschen und die harte Schale längs über die Rundung einschneiden. 5 Minuten mit Wasser bedeckt kochen. Dann abtropfen lassen und die Maronen auf dem Kuchenblech im Backofen 20–30 Minuten backen.

PILZKÜCHE

Grundsätzliches

Unsere Pilzauswahl bietet Musterrezepte für drei Möglichkeiten der Verwendung: zum Schmoren oder Kochen, zum Braten, als Würze. Zum Braten eignen sich auch manche Gemüsepilze, aber nicht umgekehrt. Die als Bratpilze bezeichneten Arten schmecken wirklich nur auf diese Weise zubereitet.

Gemüsepilze: Steinpilz, Pfifferling, Stockschwämmchen, Frauentäubling, Wiesenchampignon, Violetter Ritterling (und viele andere Pilze, die Sie vielleicht kennen).

Bratpilze: Parasolpilz, Blutreizker (einige wenige Blutreizker schaden in einem grösseren Mischpilzgericht nicht).

Würzpilze: Knoblauchschwindling, von Feinschmeckerrestaurants sehr begehrt. Er hat das feine Knoblaucharoma ohne Reue (kein «Nachduft»).

Die bekanntesten und verbreitetsten unserer heimischen Speisepilze sind auf der Bildtafel S. 121 zusammengefasst.

Wenn es möglich ist, sollten Pilze nur reingeputzt und ungewaschen verwendet werden. Kenner werden bestätigen, dass Waschen einen Grossteil des köstlichen Aromas verwässert, aber bei besonders sandigen Pilzen lässt es sich nicht vermeiden. Die Pilze werden dann in reichlich Wasser schnell, aber gründlich gewaschen und zum Abtropfen auf ein Sieb gegeben. Lamellen und Röhren werden nicht entfernt und die Huthaut nur abgezogen, wenn sie schleimig oder leicht abziehbar ist.

Wenn es das Rezept nicht anders vorschreibt, werden Pilze immer möglichst dünn aufgeschnitten. Nur so entfalten sie voll ihr Aroma und sind nach kürzester Zeit gar. Länger als 10 Minuten sollte kein Pilzgericht geschmort oder gebraten werden. Die Pilze werden sonst hart und unverdaulich. Vor dem Rohgenuss muss gewarnt werden. Es gibt wenige Arten, die mit Sicherheit roh gegessen werden können (Steinpilz, Champignon), die meisten unserer heimischen Pilze sind roh mehr oder weniger giftig, was uns aber nicht verängstigen soll, denn wir haben uns ja auch daran gewöhnt, dass Grüne Bohnen in rohem Zustand sehr giftig sind. Fertiggerichte von Pilzen können gerne 24 Stunden (und auch zwei Tage, was immer wieder von Unkundigen bestritten wird) im Kühlschrank verwahrt werden, ohne dass sie dadurch schädlich werden. Entgegen falschen Berichten können Pilze auch tiefgefroren und ein Jahr oder länger gelagert werden (Einfrieren S. 240).

Gemüsepilze

Grundrezept
für alle Gemüsepilze

Vorbereitete dünn aufgeschnittene Pilze
Bratfett (gewürfelter Speck, fett oder
durchwachsen, Butter, Margarine, Öl)
Zwiebel · Salz und etwas Pfeffer

Das Fett in der Pfanne erhitzen oder Speckwürfel anbraten, die Zwiebeln kleinschneiden und im Fett glasig werden lassen. Ohne
Flüssigkeitszugabe die Pilze dazugeben. Auf
grösster Heizstufe ziehen sie schnell Saft, der
unter Umrühren in kurzer Zeit einkochen
soll. Pilze sind schon gar, wenn sie einmal bis
zum Kochen erhitzt waren. Nach Geschmack salzen und pfeffern. Die Zubereitung darf nicht länger als 10 Minuten dauern,
sonst wurde etwas falsch gemacht. Bildet sich
zu viel Kochsaft, dann liegt es daran, dass die
Pilze gewaschen wurden und viel Wasser
enthielten. Das kann vermieden werden, indem man die gewaschenen Pilze kräftig in
den Händen ausdrückt. Das schadet ihnen
nicht.

Abwandlungen: Abgerundet wird das
Aroma durch Zugabe von Sahne und einem
Stück Butter ganz zum Schluss. Ein Kräuter-
freund wird gern einmal mit Petersilie, Dill,
Majoran und Thymian würzen.

Bei Verwendung von Zitrone oder trockenem Weisswein sollte man bedenken, dass ein
sehr feines Pilzaroma darunter leidet. Bei
sehr würzigen Pilzen schadet die Zugabe
nicht, bei minderwertigen Pilzarten ohne besonderes Aroma ist sie sogar von Vorteil.

Eine besondere (aber auch sättigende)
Wirkung erzielen Sie durch abschliessende
Zugabe einiger Käsescheibletten, die auf den
heissen Pilzen zerlaufen und leicht untergehoben werden, oder eine Ecke Schmelzkäse
wird untergerührt.

Beilagen zum Grundrezept

Die klassische Beilage zu Pilzen ist Reis. Pilze
im Reisrand können sich in den besten Häusern sehen lassen.

Beliebt ist Omelett oder einfacher Eierkuchen mit Pilzfüllung. Eine empfehlenswerte
Verarbeitung, wenn der Vorrat an Pilzen
nicht sehr gross ist.

Nudeln und Spätzle wie auch Kartoffeln
und Knödel können zu Pilzen gereicht werden. Ganz besonders aber schmecken Mischpilze mit Rösti.

Rösti

Halb gar gekochte Pellkartoffeln vom Vortage
Zwiebeln · Salz und Pfeffer
Bratfett (halb Öl, halb Butter)

Kartoffeln pellen, Zwiebeln schälen. Erst die
Zwiebel, dann die Kartoffeln durch die gro-

be Raspel der Küchenmaschine treiben (oder mit der Hand grob raspeln). Mit Salz und Pfeffer gut durchmischen. In der Pfanne das Fett erhitzen und nur so viel Masse hineingeben, dass der Boden knapp fingerdick bedeckt ist. In Abständen durchrühren, damit alles schön braun brät. Zum Schluss etwas andrücken und im ganzen kurz von unten bräunen. Wenn man diesen Kuchen geschickt aus der Pfanne auf den Teller gleiten lässt, bleibt er sogar zusammen, was aber nicht nötig ist.

Rösti und Pilzgeschnetzeltes ist bei mir das meistgegessene Gericht.

Resteverwertung
aus dem Grundrezept

Kartoffelsuppe

Pilzreste aus dem Kühlschrank
½ l Wasser · Kartoffelsuppenpulver
Würstchen oder nicht (das ist hier die Frage)

Das Wasser im Topf zum Kochen bringen, die Pilzreste gut durchkochen und so viel Kartoffelsuppenpulver einrühren, bis die gewünschte Beschaffenheit erreicht ist.

Diese Pilz-Kartoffelsuppe schmeckt so gut, dass ich sie zum ständigen Begleiter auf meinen Ganztags-Pilzwanderungen erkoren

habe. Im Thermbehälter ist sie auch nach Stunden noch kochendheiss und eine willkommene Mahlzeit, besonders wenn es gerade kalter November ist und ich den Spätherbstpilzen auf der Spur bin.

Zucchini-Pilzgemüse

Etwa so viel Zucchini wie Pilzreste vorhanden sind
Pilzreste aus dem Kühlschrank
etwas Butter · Salz und Pfeffer

Die Zucchini waschen, in feine Scheiben schneiden und mit ganz wenig Wasser 15 Minuten dünsten. Dann die Pilzreste mit durchkochen, mit Salz und Pfeffer abschmecken und zum Schluss die Butter darin zerlaufen lassen.

Pilztoast

Brot nach Wahl (Toastbrot oder Graubrot)
Pilzreste aus dem Kühlschrank
Käsescheibletten · Butter

Die Pilze in einem Topf gut durchkochen. In der Pfanne die Butter erhitzen, die Brotscheiben hineinlegen und anbräunen, dann umwenden. Hitze abschalten, Pilze draufhäufen und mit dem Käse bedecken, Deckel auf die Pfanne legen. Nach 2 Minuten ist alles fertig.

Resteverwertung ist auch bei einigen der folgenden Rezepte möglich, oder Reste können mit Frischpilzen gemischt verwendet werden. Dann sollten von dem neuen Gericht jedoch nicht wieder Reste aufgehoben werden.

Pilzeintopf
immer wieder anders

Pilze nach Vorrat
Gemüse nach der Saison (Möhren, Erbsen,
Grüne Bohnen, Kohlrabi, Blumenkohl,
Wirsingkohl, Rosenkohl, 1 Kartoffel)
gut ist immer etwas Sellerie, Lauch und
Petersilienwurzel
Wasser · Brühwürfel · Speck
Zwiebel · Salz und Pfeffer

Im grossen Topf die Speckwürfel bräunen und die feingeschnittene Zwiebel glasig dünsten, mit der nötigen Wassermenge auffüllen und das vorbereitete kleingeschnittene Gemüse in etwa 20 Minuten darin weichkochen, mit dem Brühwürfel, Salz und Pfeffer würzen und die fein aufgeschnittenen Pilze 5 Minuten mitkochen lassen. Nicht zu viel rühren, damit alle Zutaten hübsch erhalten bleiben.

Abwandlung: Als Suppengrundlage kann auch eine echte Fleisch- oder Knochenbrühe dienen. Das Fleisch wird dann nach Fertigstellung des Gerichtes kleingeschnitten wieder hineingetan.

Nachdem die Pilze gargekocht sind, können zum Schluss auch kleine Fleischklösschen eingelegt werden, die dann noch etwa 10 Minuten im fertigen Gericht ziehen sollen.

Ein sättigendes Hauptgericht wird aus diesem Eintopf durch entsprechende Einlage: Schwemmklösschen oder Semmelknödel (S. 154).

Stockschwämmchensuppe

Etwa 200 g Stockschwämmchen · 1 Essl. Butter
1 kleine Zwiebel
½ l Fleischbrühe oder Wasser · ¼ Teel. Salz
wenig Pfeffer · ½ Tasse saure Sahne
1 Eidotter · etwas Kräuterstreuwürze

Die Butter im Topf erhitzen, die feingehackte Zwiebel glasig dünsten. Die vorbereiteten fein aufgeschnittenen Stockschwämmchen dazugeben und durchschmoren, dann mit der Fleischbrühe oder dem Wasser auffüllen, nach Geschmack mit Salz und Pfeffer würzen. Hitze abschalten. Das Eidotter in der sauren Sahne verrühren und die Suppe damit legieren, Streuwürze (möglichst von Bärwurz) darüber.

Wer die Suppe etwas dicker liebt, stäubt vor der Flüssigkeitszugabe etwas Mehl über die Pilze und rührt es unter.

Klare Stock-schwämmchenbrühe

½ Tasse getrocknete Stockschwämmchen (oder andere Trockenpilze)
½ l Wasser · 1 kleine Zwiebel
etwas Petersilienwurzel
etwas Salz und wenig Pfeffer
Kräuterstreuwürze

Die Trockenpilze zwei Stunden in einem Teil des Wassers einweichen und dann mit dem Rest zum Kochen bringen. Die Zwiebel und Petersilienwurzel 20 Minuten leise mitkochen. Mit Salz und Pfeffer würzen, durch ein Sieb giessen, mit Kräutern bestreuen.

Mit einem Schuss trockenem Sherry in dieser Brühe werden Sie auch die anspruchsvollsten Feinschmecker zufriedenstellen können.

In diese klare Brühe gehört natürlich eine kleine Einlage: Eierstich, Ziernudeln, Flädele (dünne Streifen von kaltem Eierkuchen), kleine Schwemm- oder Fleischklösschen oder ein paar frische Pilzstückchen mit ganz besonders feinem Aroma (ganz junger Steinpilz, Pfifferling, Stockschwämmchen, Frauentäubling, Graublättriger Schwefelkopf, Anischampignon, Grösster Saftling, Schwarzfaseriger Ritterling) oder ein Pilzkloss nach nebenstehendem Rezept.

Pilzkloss

Eine Handvoll Pilze
1 trockenes Brötchen oder Weissbrot
¾ Tasse Milch · etwas durchwachsener Speck
½ Zwiebel · 1 Ei · wenig Pfeffer

Die Milch zum Kochen bringen und das grob zerteilte Brötchen darin einweichen. Inzwischen in der Pfanne den gewürfelten Speck bräunen und die gehackte Zwiebel glasig dünsten. Die Pilze sehr fein aufschneiden oder hacken und schmoren, bis der Saft verdampft ist. Mit wenig Pfeffer abschmecken und etwas auskühlen lassen. Dann die ausgedrückte Semmel mit den Pilzen und dem Ei zu einem losen Knödelteig verarbeiten, der gerade die Form behält. In siedendem Wasser etwa 10 Minuten ziehen lassen. Er muss oben schwimmen. Sollte der Teig etwas zu weich sein, mit etwas geriebener Semmel durcharbeiten.

Pilzauflauf
für 4 Personen

250 g nach dem Grundrezept zubereitete Pilze
etwa die gleiche Menge in Salzwasser gekochte Nudeln
3 Eier · 1 Tasse saure Sahne
etwas Salz und Pfeffer
nach Geschmack auch Kümmel
etwas Butter zum Fetten der Form

Die geschmorten Pilze mit den gekochten Nudeln vermischen und in die gefettete Auflaufform füllen. Die Eidotter mit der sauren Sahne und etwas Salz gut verrühren, das zu Schnee geschlagene Eiweiss unterheben. Die Masse auf die Pilz-Nudel-Mischung giessen und alles im vorgeheizten Backofen hellbraun backen (etwa 45 Minuten).

Pilztorte mit Guss

Bild Seite 229

Ein Boden aus Hefeteig oder Mürbteig ohne Zucker
etwa 2 kg geeignete Pilze (Frauentäubling, Pfifferling, nur ganz junge Steinpilze, junge Wiesenchampignons, Stockschwämmchen, aber auch andere essbare Täublinge, besonders auch Hallimasch, am besten mehrere Pilzarten gemischt)
125 g durchwachsener Speck
2 Zwiebeln · 1 Teel. Salz · etwas Pfeffer
1 Teel. gemahlener Kümmel
2 Tassen saure Sahne · 3 Eier
2 Essl. Mehl · etwas Salz

Für den Guss:
1 Tasse saure Sahne · 1 Ei · 1 Teel. Maizena
etwas geriebene Muskatnuss
1 Prise gemahlener Kümmel · etwas Salz

Den Boden nach Wahl in der Springform mit hochgezogenem Rand vorbacken. (Der hochgezogene Rand fällt beim Backen gerne zusammen; ich lasse mir deshalb etwa ein Viertel der Teigmenge zurück und lege den Rand erst nach dem Auskühlen des gebackenen Bodens an, kurz bevor ich die Pilzmasse einfülle. Er wird durch die lange Backzeit immer noch gar.)

In einer grossen Pfanne den gewürfelten Speck bräunen, die gehackten Zwiebeln glasig dünsten, die fein aufgeschnittenen Pilze dazugeben und 10 Minuten kräftig schmoren, bis der Saft verdunstet ist. Kümmel zufügen und mit Salz und Pfeffer recht pikant würzen, die Masse auskühlen lassen. Die saure Sahne mit den Eiern, dem Mehl und etwas Salz verrühren und unter die Pilzmasse heben. Alles in die Form füllen, die jetzt bis gut fingerbreit unter dem Rand voll sein darf, dann war die Pilzmenge richtig. Der Kuchen geht nicht auf, sondern wird nur gegart, was etwas unterschiedlich dauert, aber mit der Stricknadel (oder was Sie dazu benutzen) kontrolliert werden kann. Nach 45 Minuten Backzeit wird der Guss daraufgebracht. Dazu die saure Sahne mit dem Ei, dem Maizena und den Gewürzen gut verrühren und über die halbfertige Torte giessen. Weiterbacken, bis die Oberschicht schön braun und die Pilzmasse gar ist.

Diese Pilztorte wird warm gegessen. Reste davon werden in der Pfanne mit Deckel oder im Backofen wieder aufgewärmt.

Ich habe festgestellt, dass tiefgefrorene Tortenstücke nach dem Auftauen und Erwärmen wie frisch zubereitet schmecken.

Pilztorte mit Guss (Rezept Seite 228)

Pilzpudding

2 Tassen nach dem Grundrezept bereitete Pilze
2 trockene Brötchen oder Weissbrot
1 Tasse Milch · 1 Essl. Butter
½ Teel. gemahlener Kümmel
1 Prise geriebene Muskatnuss · 4 Eier

Die Milch zum Kochen bringen und die grob zerteilten Brötchen darin einweichen. Unterdessen die Butter schaumig rühren, die Eidotter und Gewürze dazutun und gut verrühren, dann auch die ausgedrückten Brötchen und die Pilze dazugeben und alles gut miteinander vermischen. Zum Schluss das zu Schnee geschlagene Eiweiss unterheben. Die Masse in eine gefettete Puddingform (S. 129) füllen und 1 Stunde im Wasserbad kochen.

Dieser Pudding wird warm gegessen. Als kräftige Ergänzung passen ausgebratene dünne Speckscheibchen oder braune Zwiebelringe oder beides zusammen.

Resteverwertung: Scheiben des Puddings flach auf eine feuerfeste Platte legen, jeweils ein der Länge nach aufgeschnittenes Wiener Würstchen darauf, wenig Tomatenketchup draufstreichen, jede Portion mit ein bis zwei Käsescheibletten bedecken, etwas Streupaprika drauf und im vorgeheizten Backofen kurz überbacken. Mit grünem Salat ein komplettes Mahl.

Strudel mit Pilzfüllung

Pilze nach dem Grundrezept bereiten oder Reste
davon verwerten
200 g Mehl · 1 Teel. Öl · etwas Salz
2–3 Käsescheibletten · 1 Essl. Butter

Aus dem Mehl, dem Öl, wenig Wasser und etwas Salz einen festen Teig kneten, 2 Stunden ruhen lassen. Dann auf dem bemehlten Tisch ganz fein ausrollen und hauchdünn ausziehen. Flach auf ein bemehltes Tuch legen. Die geschmorten ausgekühlten Pilze darauf verteilen, die Käsescheibletten kleinschneiden und darüberstreuen und nun durch Anheben des Tuches den Teig zum Rollen bringen, bis alle Füllung bedeckt ist. Die fertige Rolle auf ein gefettetes Backblech legen, mit der erwärmten Butter bestreichen und knusprig backen. Wer Kümmel sehr mag, kann ihn noch über die Butter streuen (ebenso Sesam oder Mohnsaat). Der Strudel wird warm gegessen.

Pfifferlinge mit Rührei

Pro Person 100 g Pfifferlinge und 2 Eier
Zwiebel · Salz und Pfeffer · etwas Sahne
nach Geschmack Petersilie
nach Wahl durchwachsener Speck oder anderes
Fett zum Anbraten (Butter, Öl, Margarine)

In der Pfanne den gewürfelten Speck ausbraten, die gehackte Zwiebel glasig dünsten, die vorbereiteten und fein (sehr fein) aufgeschnittenen Pfifferlinge mit etwas Salz und Pfeffer dazugeben. Bei grosser Hitze 5–10 Minuten schmoren, bis der Saft fast verdampft ist. Dann die Sahne zugeben und die gehackte Petersilie aufstreuen.

In einer zweiten Pfanne wenig Fett erhitzen und die mit etwas Salz verquirlten Eier hineinschütten. Leicht stocken lassen und wenden, bis alles fest geworden ist. Mit den Pfifferlingen zusammen auf einer Platte hübsch anrichten.

Bei nur einer Person und einer Pfanne können die fertig geschmorten Pilze auch in der Pfanne etwas zusammengeschoben werden, und auf der zweiten Hälfte wird mit etwas Fett das Rührei bereitet. Selbst wenn etwas davon in die Pilze fliesst, ist das nicht schlimm. Manche giessen die Eiermasse auch gleich direkt über die fertigen Pilze und lassen sie darauf stocken.

Gefüllte Steinpilzhütchen

Junge Steinpilze · Kräuterbutter (S. 158)
roher oder gekochter Schinken · Tomate
Petersilie

Die Stiele von den Pilzen schneiden, die Hüte etwas aushöhlen (überflüssiges Hutfleisch und Stiele anderweitig verwenden), mit der Kräuterbutter ausstreichen und den in feine Streifen geschnittenen Schinken hineinfüllen, mit einer Tomatenscheibe bedecken. Auf einer feuerfesten Platte im vorgeheizten Backofen 10 Minuten überbacken, dann mit der gehackten Petersilie bestreut servieren.

Abwandlung: 2–3 Käsescheibletten schmelzen und mit 1–2 Essl. geriebener Semmel gut vermischen. Davon Häufchen auf die Schinkenfüllung setzen und backen, bis die geriebenen Semmeln braun werden.

Pilzsalat

Pilze nach Vorrat · Zwiebel · Essig · Öl
etwas Zucker · Salz und Pfeffer

Die vorbereiteten fein aufgeschnittenen Pilze einmal in wenig Wasser aufwellen lassen. Aus dem Essig, dem Öl, dem Zucker, etwas Salz und Pfeffer eine Marinade rühren und mit der gehackten Zwiebel sowie den abgetropften Pilzen gut mischen. Eine Stunde im Kühlschrank ziehen lassen.

Abwandlung: Senfessig oder 1 Teel. Senf machen den Salat pikant.

Etwas Sahne rundet das Aroma ab.

Für kleine interessante Einlagen sind geeignet: feine Tomatenschnitze, Würfel von Delikatessgurke, Perlzwiebeln, etwas vorgekochte Möhrenstreifen.

Rohsalat

*Champignons oder Steinpilze · 1 Zitrone
rohes Gemüse nach der Saison (feinste Streifchen
vom weissen Lauchende, junge Erbsen, dünn
gestiftelter Kohlrabi, Tomate, Zucchini,
Chinakohl) · 1 Zwiebel
leicht vorgekocht auch dünne Sellerie- und
Möhrenstreifen · Petersilie und Dill · Öl
Weinessig · etwas Zucker · Salz und Pfeffer*

Die vorbereiteten Champignons oder Steinpilze in feine Blättchen schneiden und gleich
mit etwas Zitronensaft beträufeln, die Zwiebel in feine Ringe schneiden oder hacken und
die vorhandenen Gemüsesorten in sehr
kleinen Mengen beifügen. Sie dürfen die
Menge der Pilze nicht übertreffen. Aus dem
Essig, dem Öl, etwas Zucker, Salz und Pfeffer eine Marinade rühren und über die Pilz-
Gemüse-Mischung giessen. Die gehackten
Kräuter dazugeben und alles gut mischen.
1/2 Stunde im Kühlschrank ziehen lassen.

Eingelegte Pilze
Bild Seite 233

*1 kg Violette Ritterlinge (es eignen sich auch
andere wasseraufsaugende Pilzarten:
Lilastieliger Ritterling, Grünling, Mairitterling,
Weisser Rasling, Breitblättriger Rübling,
Getropfter Rötelritterling, Hallimasch)*

*1/2 l scharfer Essig · 1 Tasse Zucker
1 Teel. Salz · 1 gestrichener Teel. Nelkenpfeffer
(gemahlener Piment)
6 Pfefferkörner · 2 Essl. Senfkörner
2 Lorbeerblätter · 2 Zwiebeln*

Die Pilze nach dem Waschen in grobe Stücke
teilen (Happen), kleine Pilze ganz lassen. Mit
etwas Wasser einmal aufkochen und zum
Abtropfen stellen. In einer Schüssel die Pilze
mit dem Essig bedecken und im Kühlschrank
bis zum nächsten Tag stehen lassen. Dann in
einer kleinen Schüssel trocken mischen: den
Zucker, das Salz, den Nelkenpfeffer, die
Pfeffer- und Senfkörner, die zerbröckelten
Lorbeerblätter. Aus den Zwiebeln dünne
Scheiben schneiden und bereitlegen. Die ge-
säuerten Pilze wiederum abtropfen lassen. In
ein dafür ausgesuchtes Gefäss (Steintopf o.ä.)
zuerst 1 Essl. Trockenwürzmischung streuen
und ein paar Zwiebelringe hineintun, dann
eine Lage Pilze, darauf wieder Würzmischung und Zwiebelringe, dann wieder Pilze
und so fort, bis alles aufgebraucht ist. Als Ab-
schluss Würzmischung. Nun wird noch etwas Flüssigkeit fehlen, damit die Pilze bedeckt sind und gut durchziehen können. Probieren Sie daher ein Pilzstückchen. Ist es fade-
säuerlich, giessen Sie 1/2 Tasse reinen Essig
dazu, ist es scharf-sauer, nehmen Sie halb Essig, halb Wasser.

Die eingelegten Pilze sind nach 2 Tagen
fertig und halten sich im Kühlschrank längere Zeit. Zur Bevorratung sollten sie jedoch
eingeweckt werden (S. 240).

Eingelegte Pilze (Rezept Seite 232)

Bratpilze

Parasol im Mandelkleid

Pro Person ein frisch aufgeschirmter Parasolpilz
etwas Salz
zum Panieren Mehl, Ei sowie Mandelblättchen
Bratfett (Öl und Butter)

Die Parasolhüte nicht waschen, nur absammeln, falls wirklich etwas daran haftet, von beiden Seiten leicht salzen und gut bemehlen. Dann in dem verquirlten Ei gut wenden und in den Mandelblättchen wälzen, bis überall welche anhaften. In der Pfanne bei mittlerer Hitze mit nicht zu wenig Fett von beiden Seiten goldbraun braten.

Abwandlung: Statt der Mandelblättchen können auch geriebene Semmeln zum Panieren verwendet werden.

Blutreizker scharf gebraten

Blutreizker · Zwiebel · Salz und Pfeffer
Bratfett (Speck, Öl)

Die Blutreizker nicht waschen, nur sauber putzen, in feine Streifen schneiden. In der Pfanne das Bratfett erhitzen, die in dünne Scheiben geschnittene Zwiebel glasig dünsten und die Pilze dazugeben. Bei grösster Hitze unter mehrfachem Wenden braun braten. Salzen und pfeffern. Wichtig ist bei dieser Zubereitung, dass die Pilze nur in dünner Schicht die Pfanne bedecken. Wenn zuviel hineingetan wird, bildet sich unerwünschter Kochsaft.

Diese scharf gebratenen Blutreizker schmecken gut auf einer trockenen Scheibe Brot.

Abwandlung: Ganze Pilzhüte paniert in der Pfanne braten (Bild Seite 235).

Blutreizker paniert gebraten (Rezept Seite 234)

Würzpilze

Der Knoblauchschwindling ist viel bekannter unter dem Namen Mousseron, und so sollen auch die Rezepte danach benannt werden.

Mousserons getrocknet

Die kleinen Pilzchen zum Trocknen auslegen und in einem Schraubglas aufbewahren.

Von diesen kostbaren Trockenpilzen 4–5 an eine Sauce oder Fleischspeise geben, eingeweicht oder so aus dem Glas.

Tante Mariechens Mousseronöl
Bild Seite 237

Speiseöl · ein paar Mousserons

In eine Flasche mit Speiseöl werden frische oder getrocknete Mousserons gegeben. Die Menge richtet sich nach dem Vorrat oder nach Ihrem Geschmack. Etwa 10 Exemplare geben schon eine kräftige Würze. Dieses Öl kommt überall da zur Verwendung, wo der Knoblauchgeschmack erwünscht ist: zum Einreiben von Steaks oder Bratenfleisch, als Salatöl oder auch als Bratfett für Fisch und Fleisch.

Mousseronöl (Rezept Seite 236)

Pilz-Haltbarmachung

Trocknen

Junge saubere, ungewaschene Pilze in nicht zu dünne Scheiben schneiden (man findet sie sonst nicht wieder) und auf der Heizung oder an einem sonnigen luftigen Tag draussen im Halbschatten auslegen. Als Unterlage dient Packpapier, wenn nicht ein Hobbybastler zur Familie gehört, der aus feinerem Maschendraht und ein paar Hölzern ein Siebgestell bauen kann. Ich selbst nehme 1,50 m Vlieseline, die die ganze Pilzsaison vorhält. Die rascheltrockenen Pilze werden in Schraubgläsern aufbewahrt und sind jahrelang haltbar. Sie können auch mit einer Kaffeemühle zu Pilzpulver gemahlen werden und erlauben dann genaueste Dosierung. Trockenpilze eignen sich als Würzmittel für Fleischgerichte, Saucen und Suppen. Als Gemüse können sie später nicht mehr verwendet werden, da sie durch das Trocknen einen sehr strengen Geschmack annehmen und meist ziemlich zäh sind.

Silieren
stark modernisiert

Durch die beim Silieren eintretende Milchsäuregärung werden die Pilze haltbar, so dass diese Methode früher sehr verbreitet war. Heute haben wir dank unserer Technik andere Mittel der dauerhaften Haltbarmachung (Einfrieren, Einwecken). Was man aber damit nicht ersetzen kann, ist die Umwandlung des Pilzeiweisses in eine magenfreundlichere Beschaffenheit, ja manche ungeniessbaren Pilze werden durch das Silieren überhaupt erst essbar und gut (Rotbrauner Milchling und andere scharfe Milchlinge). So empfehle ich meine kombinierte Methode: erst silieren, dann haltbar machen durch Einfrieren. Machen Sie die Probe mit einer kleinen Menge in einer weithalsigen Flasche z. B. von Orangensaft. Zutaten: etwa 1 kg Pilze (es können auch minderwertige, aber natürlich essbare, sein), 1 Teel. Salz, 1 Teel. Zucker und ½ Tasse Sauermilch. Die Pilze grob zerteilen, kleine ganz lassen und in etwas Wasser einmal aufkochen, abtropfen lassen, mit dem Salz, dem Zucker und der Sauermilch mischen und fast randvoll in die Flasche füllen. Eine weitere halbe Tasse Sauermilch zum Dickwerden stellen. Die Flasche bleibt im geheizten Raum stehen, die Pilze beginnen bald zu gären. Nach zwei Tagen die sich bildende weisse Haut (Kahmhaut) abnehmen und die verwahrte, inzwischen dick gewordene Sauermilch daraufüllen. Das bewirkt den Luftabschluss, der sonst mit Brett und Stein in der Lake erzielt wurde. Nach 14 Tagen ist bei normaler Raumtemperatur die Gärung abgeschlossen. Jetzt die Pilze auf ein Sieb geben, mit klarem Wasser kurz abbrausen und einfrieren. Sie schmecken nun fein säuerlich und können für alle Gerichte verwendet werden. Bei echter Silage auf Dauer werden sie kräftiger sauer und sind dann nicht jedermanns Geschmack.

Pilze einwecken (Seite 240)

Einwecken
Bild Seite 239

Nach der althergebrachten Methode werden die Pilze fein aufgeschnitten, einmal aufgekocht und mit frischem Wasser in die Weckgläser gefüllt. Es wird zwei Stunden bei 90° geweckt. Einen oder zwei Tage später muss noch einmal eine Stunde bei 90° nachgeweckt werden, damit wirklich alle Fäulniserreger abgetötet sind.

Wer einen Schnellkochtopf besitzt, kann sich die Arbeit sehr erleichtern. Die Pilze fein aufschneiden, in wenig Wasser einmal aufkochen und mit frischem Wasser kleinere Gläser mit Twist-off-Deckel füllen (von Marmelade, Kindernahrung, Senf, Mayonnaise usw.). In den Schnellkochtopf wird ein Drahtgitter, oder wenn genügend Platz ist ein Originalsiebkorb, gesetzt und die fest verschlossenen Gläser darauf gestellt. So viel Wasser in den Topf füllen, dass die Gläser etwa ein Drittel im Wasser stehen. Dann den Kochtopf vorschriftsmässig verschliessen und 15 Minuten bei zwei Ringen sterilisieren. Topf nicht mit Wasser abschrecken, sondern selbst auskühlen lassen. Am nächsten Tag noch einmal 10 Minuten bei zwei Ringen nachwecken.

Der Vorteil dieser Methode sind Arbeits- und Zeitersparnis und besonders auch die kleinen Pilzmengen in den Gläsern, so dass schon öfter einmal Pilzbeilagen eingeplant werden können.

Einfrieren

Entgegen allen falschen Berichten ist das Einfrieren die einfachste und beste Methode der Pilzhaltbarmachung. Sie schmecken nach dem Auftauen wie frisch und halten sich in gefrorenem Zustand weit länger, als in allgemeinen Gebrauchsanweisungen angegeben wird. Nach ein und auch zwei Jahren ist noch keine Veränderung in Geschmack und Bekömmlichkeit eingetreten. Ich habe Erfahrung mit tiefgefrorenen Pilzen, seit es die ersten Kühltruhen gibt. Bis auf ganz wenige Winterpilze, die von Natur aus Frost vertragen, sollen Pilze nicht roh eingefroren werden. Am besten hat sich bewährt: etwas Öl in die Pfanne geben und die vorbereiteten fein aufgeschnittenen Pilze kräftig darin durchschmoren, bis der Kochsaft verdampft ist. Dann auskühlen lassen und portionenweise einfrieren. Mischpilze geben auch hier einen besseren Geschmack, und dann können auch ein paar Pfifferlinge untergemischt werden, die sonst beim Einfrieren bitter werden.